Crimes en série

Du même auteur
dans la collection Rivages/Thriller

Le Dahlia noir
Clandestin
Le Grand Nulle Part
Un tueur sur la route
L. A. Confidential
White Jazz
Dick Contino's Blues
American Tabloid

dans la collection Rivages/noir

Lune sanglante (n° 27)
À cause de la nuit (n° 31)
La Colline aux suicidés (n° 40)
Brown's Requiem (n° 54)
Clandestin (n° 97)
Le Dahlia noir (n° 100)
Un tueur sur la route (n° 109)
Le Grand Nulle Part (n° 112)
L. A. Confidential (n° 120)
White Jazz (n° 141)
Dick Contino's Blues (n° 212)
American Tabloid (n° 282)

Hors collection

La Trilogie Lloyd Hopkins
Trilogie noire
Le Quatuor de Los Angeles
Ma part d'ombre

James Ellroy

Crimes en série

Traduit de l'américain
par Jean-Paul Gratias

*Collection dirigée
par François Guérif*

Rivages/Thriller

Les textes qui composent ce recueil ont été écrits pour le magazine *G.Q.*

Titre original : *Crime Wave*

106, boulevard Saint-Germain – 75006 Paris

ISBN : 2-7436-0378-X
ISSN : 0990-3151

À Curtis Hanson

L'Assassin de ma mère

Je m'attendais à ce que les images me fassent mal.

Je pensais qu'elles donneraient corps à mes vieux cauchemars.

J'espérais pouvoir toucher du doigt la vérité de l'horreur et, d'une façon ou d'une autre, commuer ma condamnation à perpétuité.

Je me trompais. Cette femme a refusé de m'accorder une remise de peine. Ses arguments étaient simples : c'est ma mort qui t'a donné une voix, et j'ai besoin de toi pour que tu me reconnaisses au-delà de l'exploitation que tu en as faite.

On peut lire sur sa pierre tombale : « GENEVA HILLIKER ELLROY, 1915-1958. » Une croix rappelle son enfance calviniste dans un trou perdu du Wisconsin. Son dossier porte l'inscription : « JEAN (HILLIKER) ELLROY, 187PC [1] (non résolu), date du décès : 22-6-58. »

Je n'ai pas assisté aux obsèques; je m'étais fait

1. 187PC : article 187 du code pénal (meurtre).

excuser. J'avais dix ans, et je sentais que je pouvais manipuler les adultes à mon avantage. Je n'ai dit à personne que mes larmes étaient, au mieux, purement décoratives, et au pire, l'expression d'un soulagement hystérique. Je n'ai dit à personne que je haïssais ma mère au moment de son assassinat.

Elle est morte à l'âge de quarante-trois ans. J'en ai aujourd'hui quarante-six. Si je suis allé voir son dossier à Los Angeles, c'est parce que je lui ressemble un peu plus chaque jour.

C'est le shérif du comté de Los Angeles qui avait été chargé de l'enquête. Je pris des dispositions avec les sergents Bill Stoner et Bill McComas, de la section des affaires non résolues, pour avoir accès au dossier. Leur tâche consiste à passer en revue, périodiquement, les dossiers non classés, éventuellement pour les élucider de façon définitive, ou bien pour analyser l'échec de leurs collègues chargés de l'enquête à l'époque des faits.

Les deux hommes se montrèrent très obligeants. L'un et l'autre me firent remarquer que les assassinats non résolus tendent à le rester : les mystères vieux de trente-six ans ne peuvent que s'épaissir avec le passage du temps et l'effacement des souvenirs. Je les assurai que je n'avais aucun espoir de découvrir une solution. Je voulais seulement examiner la somme de renseignements contenue dans le dossier, et voir où ils me mèneraient.

Stoner me prévint que les photos étaient sinistres. Je lui affirmai que je tiendrais le coup.

Pour moi, le vol jusqu'à Los Angeles se passa dans une sorte de brume. Je dédaignai le repas servi à bord et le livre que j'avais apporté pour tuer le temps. Mes souvenirs m'occupèrent pendant cinq heures – un tourbillon de réminiscences et de faits qui se prêtaient à l'extrapolation.

Ma mère disait qu'elle avait vu les Fédéraux abattre John Dillinger. Elle avait dix-neuf ans ; à peine sortie de la ferme familiale, elle était élève dans une école d'infirmières. Mon père prétendait avoir eu une liaison avec Rita Hayworth.

Ils adoraient raconter des histoires. Ils laissaient rarement la vérité affadir une anecdote savoureuse. Devenu adulte, leur fils unique se mit à écrire des romans criminels épouvantables.

Ils se rencontrèrent en 1939 et divorcèrent en 1954. Leur « incompatibilité d'humeur » résidait dans leur amour de la chair. Ma mère avait deux passions : d'abord, l'alcool ; ensuite, les hommes. Mon père consommait sans compter des Alka-Seltzer pour son ulcère, et courait après les femmes avec le même manque de discernement.

Je trouvais ma mère au lit avec des inconnus. Mon père me cachait ses liaisons. Je l'aimais d'autant plus qu'il ne vivait pas avec nous.

Ma mère était rousse. Elle buvait du bourbon Early Times, qui la rendait d'une sentimentalité larmoyante, et prenait des cuites monumentales. Le dimanche matin, elle m'envoyait à l'église et restait à la maison soigner sa gueule de bois.

Le jugement du divorce prévoyait une garde partagée : je passais la semaine chez ma mère, et trois week-ends par mois avec mon père. Il loua un logement bon marché tout près de chez nous. Parfois, il restait planté sur le trottoir d'en face, pour assurer une surveillance.

La nuit, j'éteignais l'éclairage du salon et je regardais par la fenêtre. Cette cigarette incandescente qui luisait dans le noir, c'était la preuve qu'il m'aimait.

En 1956, ma mère nous fit quitter West Hollywood pour Santa Monica. Elle m'inscrivit dans une école privée de seconde zone qui s'appelait Le Paradis des Enfants. C'était un dépotoir pour des gosses perturbés de couples divorcés. Ma détention y durait de 7 h 30 du matin jusqu'à 5 heures du soir. Une gigantesque cour de récréation en terre battue et une piscine faisaient face à Wilshire Boulevard. Chaque gamin avait l'assurance de passer dans la classe supérieure et de pouvoir bronzer au bord de l'eau. À 5 heures 10, une horde de mères divorcées fonçait sur le portail. J'en ai gardé un goût prononcé pour les femmes proches de la quarantaine.

Ma mère travaillait comme infirmière à l'usine d'électronique Packard Bell. Elle avait un petit ami prénommé Frank, un bon à rien ventripotent à qui il manquait un pouce. Une fois par semaine, elle m'emmenait dans un drive-in assister à un double programme. Elle buvait de l'alcool au goulot et me laissait m'empiffrer de hot dogs.

Je me réjouissais à l'avance des week-ends avec mon père. Pas d'église obligatoire, pas de partenaires d'un soir qui s'attardent au lit, pas de changements d'humeur dus à l'abus d'alcool. Mon père menait sa vie avec nonchalance, à moitié par choix délibéré, à moitié parce qu'il avait le défaut d'être faible.

Au début de l'année 1958, ma mère commença à monter de toutes pièces un énorme mensonge. Il ne s'agit pas, de ma part, d'un souvenir révisionniste : je me rappelle avoir flairé le coup monté dès le début. Elle prétendait qu'il nous fallait changer de cadre de vie. J'avais besoin d'habiter une vraie maison, pas un appartement. Elle me dit qu'elle en connaissait une à El Monte, une ville de la vallée de San Gabriel, à 20 kilomètres à l'est de Los Angeles même.

Elle m'y emmena en voiture. El Monte était une banlieue minable, habitée par des petits Blancs pouilleux et des truands mexicains aux cheveux gominés.

La plupart des rues n'étaient pas goudronnées. Les gens garaient presque tous leur voiture sur leur pelouse. Notre future maison : une baraque en bois de séquoia, entourée de bananiers à demi morts. Je dis à ma mère que je n'aimais pas El Monte. Elle me demanda de laisser passer un peu de temps avant de juger la ville. Nous emportâmes nos effets personnels dans les premiers jours de février.

Sur le plan scolaire, je gagnai au change : du Paradis des Enfants, je passai à l'école élémentaire Anne Le Gore. Notre déménagement rendit mon père furieux ; il trouvait cette décision incompréhensible. Comment une femme blanche appartenant (de justesse) à la classe moyenne, ayant un emploi intéressant à une cinquantaine de kilomètres de là, pouvait-elle éprouver le besoin de s'installer dans une ville comme El Monte ? Le trajet en voiture aux heures de pointe prenait, au minimum, quatre-vingt-dix minutes dans chaque sens. « Je veux que mon fils habite une maison » : une véritable ineptie. Mon père estimait que ma mère prenait la fuite, soit pour échapper à un homme, soit pour en rejoindre un autre. Il déclara qu'il allait engager des détectives pour en avoir le cœur net.

Je fis mon trou à El Monte. Ma mère améliora l'accord de garde commune : j'eus le droit de voir mon père tous les week-ends du mois. Il venait me chercher le vendredi soir. Il fallait faire un trajet en taxi et changer trois fois de bus pour arriver chez lui, juste au sud de Hollywood.

Je fis des efforts pour aimer El Monte. Je fumai un joint avec un petit Mexicain et me gavai de crème glacée à m'en rendre malade. Mon séjour au Paradis des Enfants m'avait laissé des faiblesses en arithmétique. Mon instituteur vint voir ma mère pour l'en informer. Ils sympathisèrent et sortirent ensemble à plusieurs reprises.

J'eus dix ans. Ma mère me dit que je pouvais choisir avec qui je voulais vivre. Je lui répondis que j'avais envie de vivre avec mon père.

Elle me gifla. Je la traitai d'alcoolique et de traînée. Elle me gifla de nouveau et pesta contre l'emprise que mon père exerçait sur moi.

Je devins une sorte de caisse de résonance entre mes parents.

Mon père traitait ma mère de pocharde et de putain. Ma mère traitait mon père de pauvre type et de parasite. Elle le menaçait d'un déluge d'ordonnances du tribunal qui lui interdiraient à tout jamais de me revoir.

L'école ferma ses portes le vendredi 20 juin, pour

les vacances d'été. Sans perdre une minute, mon père vint me chercher pour m'emmener chez lui. Ce week-end reste gravé dans ma mémoire avec une netteté absolue. Je me rappelle avoir vu *Les Vikings* au cinéma Fox-Wilshire. Je me souviens d'un plat de spaghettis dans un restaurant italien, chez Yaconelli. Je me rappelle un combat de boxe télévisé. Je me souviens que le retour en bus à El Monte me parut interminable, et la chaleur étouffante.

À la gare routière, mon père me mit dans un taxi, et il attendit un autre bus pour rentrer à Los Angeles. Le taxi me déposa devant chez moi.

Je vis trois voitures de police noir et blanc. Je vis ma voisine, Mme Kryzcki, sur le trottoir. Je vis quatre types en civil et, instinctivement, je compris que c'étaient des policiers.

Mme Kryzcki leur dit : « Voilà le gamin. »

Un flic me prit à part. « Petit, ta mère a été tuée. »

Je ne pleurai pas. Un photographe de presse m'entraîna dans la cabane à outils de M. Kryzcki, où il me fit poser, un poinçon à la main.

L'année dernière, ma femme a retrouvé un exemplaire de cette photo. Elle a été publiée plusieurs fois, à l'occasion d'articles sur mes livres. La seconde photo prise ce jour-là n'a jamais paru.

On m'y voit devant l'établi, en train de m'escrimer sur un morceau de bois. Je grimace d'une oreille à l'autre, pour crâner devant les flics et les journalistes.

Ils ont dû mettre, vraisemblablement, mes simagrées sur le compte du choc que je venais de subir. Ce qu'ils ne pouvaient pas savoir, en revanche, c'est que j'avais aussitôt amorti le choc.

La police reconstitua les événements ayant abouti au crime.

Ma mère était sortie boire le samedi soir. On l'avait vue à El Monte, au bar du Desert Inn, en compagnie d'un Blanc aux cheveux bruns et d'une femme blonde. Ma mère et l'inconnu quittèrent le bar vers 10 heures.

Ce sont des gosses de mon âge, appartenant à une équipe de base-ball, qui découvrirent le corps. Ma mère avait été étranglée dans un endroit inconnu, puis jetée dans des buissons, près du terrain de sport du lycée Arroyo, à deux kilomètres et demi du Desert Inn.

Elle avait griffé jusqu'au sang le visage de son agresseur. Après l'avoir tuée, l'assassin lui avait ôté l'un de ses bas pour le lui nouer, sans serrer, autour du cou.

J'allai vivre chez mon père. Ce dimanche-là, je me forçai à verser quelques larmes – ce devait être les dernières.

Mon avion atterrit de bonne heure. Los Angeles me parut surréelle, inconciliable avec la ville mythique de mes romans.

Je descendis à mon hôtel et appelai le sergent Stoner. Il me proposa un rendez-vous pour le lendemain, puis m'expliqua comment trouver le bureau de la Criminelle ; l'onde de choc d'un tremblement de terre avait dévasté les anciens bâtiments, nécessitant un transfert dans de nouveaux locaux.

Le sergent McComas ne serait pas là. Il était en convalescence après une opération à cœur ouvert, conséquence classique du genre de travail qu'on exige des policiers.

Je dis à Stoner que je passerais à l'heure du déjeuner. Il me prévint que le dossier risquait de me couper l'appétit.

Je pris un dîner copieux dans ma chambre. Le soir tombait. Regardant par la fenêtre, j'imaginai que nous étions dans les années cinquante.

J'ai situé l'action de l'un de mes romans, *Clandestin*, en 1951. Il s'agit d'un compte rendu, modifié quant à la chronologie, et largement romancé, de l'assassinat de ma mère. L'histoire relate l'obsession d'un jeune flic : établir le lien entre la mort d'une femme avec qui il a passé une nuit et le meurtre d'une infirmière rousse à El Monte. Parmi les personnages secondaires figure un gamin de neuf ans très semblable à celui que j'étais à cet âge.

J'attribuai au tueur les caractéristiques physiques de mon père et les juxtaposai à une tendance psychopathe. Je n'ai jamais compris pour quelle raison j'avais fait cela.

Je donnai à l'infirmière assassinée le nom de Marcella De Vries. Comme ma mère, elle était originaire de Tunnel City, dans le Wisconsin.

Pour ce livre, je ne fis aucune recherche. La peur m'empêchait de hanter les archives et les lieux historiques. Je voulais me restreindre à ce que je savais de ma mère, aux sentiments qu'elle m'inspirait. Je désirais reconnaître ma dette de sang et prouver que je restais insensible à son pouvoir en brossant son portrait avec sang-froid et lucidité.

Quelques années plus tard, j'écrivis *Le Dahlia noir*. Le personnage titre, victime d'un assassinat, était aussi célèbre que Jean Ellroy était obscure. Elle mourut l'année précédant ma naissance, et je saisis la cohérence de cette symbiose dès l'instant où j'entendis parler d'elle pour la première fois.

Le Dahlia Noir était une jeune femme du nom d'Elizabeth Short. Elle était venue dans l'ouest avec l'espoir imbécile de devenir vedette de cinéma. Elle était indisciplinée, immature et couchait avec le premier venu. Elle buvait trop et racontait des mensonges énormes.

Elle se laissa ramasser par un inconnu qui la tortura pendant deux jours. Sa mort fut aussi abominablement interminable que celle de ma mère fut brève et convulsive. Le tueur la coupa en deux et abandonna ses restes dans un terrain vague à trente kilomètres à l'est du lycée Arroyo.

Le meurtre n'est toujours pas élucidé. Pour les médias, l'affaire du Dahlia noir reste une cause célèbre.

J'ai lu un article à son sujet en 1959. Cette histoire me laissa totalement abasourdi. L'horreur des faits rendait la mort de ma mère à la fois plus outrée et plus prosaïque. Je me jetai sur Elizabeth Short et j'amassai les moindres informations sur sa vie. Le plus infime détail me servait de mortier, pour assembler les parpaings grâce auxquels je pouvais emmurer Geneva Hilliker Ellroy.

Ce stratagème régnait en maître sur mon inconscient. Une telle inhibition a son prix : des années de cauchemars et de peur de l'obscurité.

L'écriture du livre ne fut que moyennement cathartique ; transformer Jean en Betty privait encore l'une des deux femmes de la reconnaissance qui lui était due.

Et cela ne l'empêchait pas d'être exploitée par un spécialiste de l'autopropagande possédant l'art de manipuler la psychologie de bazar.

Je voulais qu'elle riposte. Je voulais qu'elle règne sur mes cauchemars à visage découvert.

Les services de la Criminelle étaient provisoirement installés dans un immeuble de bureaux, à l'est de Los Angeles. La salle de réunion était impeccablement propre, à l'opposé de l'idée que l'on se fait des locaux de la police.

Le sergent Stoner m'accueillit. Il était grand et mince, avec de grands yeux et une moustache tombante. Son costume était un cran plus chic que celui de ses collègues.

Stoner m'offrit une tasse de café. Il me parla de la plus célèbre de ses enquêtes, l'affaire du meurtre du *Cotton Club*.

Il m'impressionna. Ses jugements étaient judicieux, et ne s'encombraient pas de l'idéologie communément répandue dans la police. Il m'écoutait, formulait ses réponses avec soin, et me soutirait des renseignements avec ses sourires et ses gestes nonchalants. Il me donnait *envie* de lui raconter ma vie.

J'eus immédiatement conscience de son intelligence. Il s'en rendit compte.

La conversation se déroulait de façon agréable. La

première tasse de café fut suivie de deux autres. Le dossier était posé sur le bureau de Stoner – un petit dossier à soufflets entouré de bracelets élastiques.

Je savais que je tournais autour du pot. J'étais conscient de retarder le moment où je découvrirais les photos.

Stoner lut mes pensées. Il me proposa de m'épargner les documents les plus pénibles en les retirant lui-même.

Je déclinai son offre.

Le dossier était un fourre-tout : il contenait des enveloppes, des télex, des pièces manuscrites, deux exemplaires du registre des inspecteurs, et un amas de comptes rendus et de transcriptions d'interrogatoires. Ma première impression : j'avais devant moi le chaos qu'avait été la vie de Jean Ellroy.

Je mis de côté l'enveloppe contenant les photos. Sur les télex, ce qui sautait aux yeux, c'étaient des numéros d'articles du code pénal et des dates de naissance.

Les dates de naissance s'étalaient de 1912 à 1919. Les numéros désignaient des arrestations pour violences aggravées et pour viol.

Ma mère avait quitté le bar en compagnie d'un homme « d'une quarantaine d'années ». Les télex, déchiffrés, se résumaient à des demandes de renseignements sur des individus ayant déjà commis des crimes sexuels.

Je parcourus des documents au hasard. Quelques détails retinrent mon attention.

Le bar du Desert Inn : 11 721 East Valley Boulevard. La Buick 1957 de ma mère : numéro d'immatriculation KFE 778. Notre ancienne maison : 756 Maple Avenue.

Je lus les noms sur le registre des inspecteurs. Officiers chargés de l'enquête : les sergents John Lawton et Ward Hallinen.

L'activité de la salle de police prit le rythme d'un ralenti cinématographique. J'entendis Stoner dire à ses collègues que l'opération de McComas s'était bien passée. Je repérai deux feuilles de papier à lettres grand format, chacune accompagnée d'une note.

Au début de l'année 1970, deux femmes avaient écrit à la Criminelle, communiquant « à qui de droit » leurs soupçons sur leurs maris respectifs, dont chacune pensait qu'il avait assassiné Geneva Hilliker Ellroy. La femme numéro un indiquait que son ex-mari travaillait chez Packard Bell et avait eu une liaison avec ma mère et avec deux autres employées de l'usine. L'homme en question s'était « comporté de façon suspecte » pendant les semaines qui avaient suivi le meurtre, et il avait frappé sa femme quand celle-ci l'avait interrogé sur son emploi du temps pendant la nuit du 21 juin. La femme numéro deux affirmait que son ex-mari nourrissait « une rancune tenace » envers Jean Ellroy. Ma mère avait refusé une demande de remboursement de frais médicaux que cet homme avait présentée, et son ressentiment lui avait « fait perdre la boule ».

La femme numéro deux ajoutait un post-scriptum : en 1968, son ex-mari avait incendié, par vengeance, l'entrepôt d'un marchand de mobilier qui avait ordonné la saisie d'un ensemble de meubles de cuisine dont il n'avait pas payé les traites.

Le ton vindicatif de ces deux lettres plaidait en faveur de leur sincérité. Elles se montraient l'une et l'autre respectueuses des autorités. Les notes agrafées aux documents précisaient que les deux pistes avaient été vérifiées.

C'était le même inspecteur qui avait interrogé les deux ex-maris. Il concluait que ces allégations étaient dénuées de fondement, et que les deux femmes ne se connaissaient pas, elles ne pouvaient donc être de connivence.

Un meurtre relativement obscur. Deux accusations étrangement semblables – des accusations *sans aucun lien entre elles* – onze ans et demi après le crime.

J'examinai le registre d'enquête. Ce qui manquait aux comptes rendus et aux transcriptions d'interrogatoires, c'était une continuité narrative. En parcourant des yeux quelques pages du registre, je me rendis compte que ma connaissance générale de l'affaire me suffisait pour rendre cohérentes des informations éparses.

Les constatations effectuées sur les lieux du crime étaient reproduites au milieu du registre. Le premier flic d'El Monte arrivé sur place avait noté que « la victime était étendue sur le dos, au bord de la route. Il y avait du sang séché sur ses lèvres et son nez. La partie inférieure du corps de la victime était recouverte par un manteau de femme. La victime portait une robe bicolore (bleue et noire). Un soutien-gorge semblait noué autour de son cou. »

Une observation plus poussée révèle :

Le soutien-gorge est en fait un bas.

Le fil d'un collier se trouve sous le corps.

Quarante-sept perles sont éparpillées alentour.

Le médecin légiste arrive. Il examine le corps et remarque des meurtrissures sur le cou. Il pense que la victime a été étranglée à l'aide d'une corde à linge ou de la cordelette d'une fenêtre à châssis coulissant. Des traces de frottement sur les hanches indiquent qu'elle a été tuée ailleurs puis transportée sur le lieu de la découverte.

L'enquête commence. Ma mémoire comble les lacunes du registre des inspecteurs.

Aucune pièce d'identité n'est trouvée sur le corps. La police d'El Monte fait appel au service des enquêtes criminelles du shérif du comté de Los Angeles.

Des communiqués sont envoyés aux stations de radio. Le signalement de la victime est diffusé dans toute la vallée.

Notre voisine, Mme Kryzcki, se manifeste. Amenée à la morgue du comté, elle identifie le corps. Elle déclare que Jean Ellroy était quelqu'un de bien, qui ne buvait pas et qui ne sortait pas avec des hommes.

On découvre la voiture de ma mère garée derrière le Desert Inn. Les employés du bar sont convoqués au poste de police d'El Monte.

Ils identifient ma mère grâce à une photo fournie par Mme Kryzcki. Oui, cette dame est bien venue la veille au soir. Elle est arrivée seule vers 8 heures, puis, plus tard, s'est jointe à un couple. Cet homme et cette femme ne faisaient pas partie des habitués de l'établissement. Aucun membre du personnel ne les avait vus auparavant,

L'homme était un Blanc au teint basané ou un

Mexicain. Il était mince, âgé d'une quarantaine d'années, et mesurait entre 1,75 m et 1,80 m. La femme était blanche, blonde, et approchait de la trentaine. Ses cheveux étaient noués en une queue de cheval.

Personne ne les a entendus échanger de noms. Une serveuse se rappelle qu'un habitué nommé Michael Whitaker a pris plusieurs verres avec la morte et deux inconnus.

Une autre serveuse fournit des noms : ceux de tous les clients *connus* qui sont venus au bar ce samedi soir. Les sergents Hallinen et Lawton consultent la liste des arrestations effectuées par la police d'El Monte et apprennent que Michael Whitaker a été ramassé ivre mort à 4 heures du matin.

Whitaker, vingt-quatre ans, a été vu à pied près du restaurant drive-in « Chez Stan ». Après avoir dessoûlé dans la salle de police d'El Monte, il a été relâché à 9 heures du matin.

Les clients connus du Desert Inn sont convoqués et interrogés. Plusieurs se rappellent avoir remarqué ma mère en compagnie du Basané et de la Blonde. Ils n'avaient jamais vu ma mère avant ce soir-là. Ils n'avaient jamais vu non plus la Blonde ni le Basané.

Michael Whitaker est convoqué à son tour. Hallinen et Lawton le questionnent. Un sténographe de la police retranscrit l'interrogatoire.

La mémoire de Whitaker est embrumée par l'alcool. Il ne se rappelle pas le nom de la femme avec laquelle il vit en ce moment. Il dit qu'il a dansé avec ma mère et lui a proposé un rendez-vous pour le dimanche soir. Ma mère a refusé, parce que son fils allait rentrer après avoir passé le week-end chez son père.

Whitaker prétend que le Basané lui a dit son nom. Il est incapable de s'en souvenir.

Il dit que ma mère, qui a quarante-trois ans, en paraissait « environ vingt-deux ». Il ajoute qu'il a « pas mal picolé » ce soir-là et qu'il est tombé une fois de sa chaise.

Il déclare qu'il a vu ma mère et le Basané partir ensemble vers 10 heures.

Le Basané a dit son nom à Whitaker. Cela confirme mon intime conviction de toujours : il ne s'agit pas d'un meurtre prémédité.

Une serveuse confirme la déposition de Whitaker. Oui, Michael est tombé de sa chaise. Oui, la rousse est partie avec le Basané.

Hallinen et Lawton font venir un portraitiste. Les clients et les employés du Desert Inn décrivent le Basané. Le dessinateur croque un portrait.

Le dessin est transmis aux journaux et à tous les postes de police du comté de Los Angeles. Le personnel du Desert Inn examine des milliers de clichés anthropométriques sans parvenir à identifier le Basané.

Des officiers de police font du porte à porte autour du lycée Arroyo. Personne n'a remarqué d'activité suspecte pendant la fin de la soirée du samedi, ni le dimanche matin. Hallinen et Lawton interrogent une vingtaine d'originaux du cru, pervertis sexuels ou misogynes déclarés.

Aucune piste ne se dégage. Aucun suspect n'émerge.

Le mercredi 25 juin, un témoin se fait connaître : Lavon Chambers, serveuse au restaurant drive-in « Chez Stan ». Hallinen et Lawton l'interrogent. Sa déposition – reproduite mot pour mot – est claire, précise, et pénétrante. Tout ce qu'elle a déclaré à la police est nouveau pour moi. Son témoignage a modifié radicalement l'idée que je me faisais du meurtre.

Elle a servi ma mère et le Basané *en deux occasions différentes* – tard le samedi soir et tôt le dimanche matin. Elle décrit la robe de ma mère et son collier de fausses perles. Elle décrit la voiture du Basané : une Oldsmobile vert foncé de 55 ou 56. Elle dit que le portrait est ressemblant, que l'homme est blanc, et pas latino-américain.

Ils sont arrivés à 10 h 20, peu après avoir quitté le Desert Inn. Ils « parlaient avec animation » et « paraissaient avoir bu ». L'homme a pris du café. Ma mère a commandé un sandwich de pain grillé au fromage. Ils ont mangé dans la voiture et sont repartis une demi-heure plus tard.

Mlle Chambers a travaillé tard, cette nuit-là. Ma mère et le Basané sont revenus à 2 heures du matin.

Il a commandé du café. Il paraissait « calme et renfrogné ». Ma mère était « assez éméchée et bavardait gaiement ». L'homme « semblait en avoir assez d'elle ».

Mlle Chambers ajoute que la tenue de ma mère « était un peu en désordre ». Le haut de sa robe était déboutonné et l'un de ses seins en sortait.

Le sergent Hallinen : « Pensez-vous qu'ils aient pu se livrer à des attouchements ? »

Mlle Chambers : « C'est possible. »

Ils repartirent à 2 h 45. Le corps de Jean Ellroy fut découvert huit heures plus tard.

Je m'intéresse ensuite au rapport d'autopsie. Le médecin légiste a relevé les traces d'un accouplement récent. Les poumons de ma mère étaient gravement congestionnés, probablement parce qu'elle fumait beaucoup depuis des années.

Elle est morte par strangulation. Elle a reçu plusieurs coups à la tête. Sous ses ongles, on a retrouvé des amas de sang, des lambeaux de peau, des poils de barbe.

Elle a résisté à son assassin.

J'ouvre l'enveloppe de photos. La première série de clichés : les suspects interrogés, puis relâchés.

Des hommes au visage cruel. Des brutes. Des petits Blancs humiliés par la vie et avides de revanche. Regards durs, tatouages, raideur du psychopathe.

Je reconnais Harvey Glatman, auteur de meurtres sexuels, exécuté en 1959. Une note précise qu'il a subi sans résultat le test du détecteur de mensonges.

La seconde série : des photos diverses et des vues prises au grand-angle des lieux du crime.

Mon père, vers 1946. Une note au verso : « Ex-mari de la victime. » Un cliché pâli : ma mère adolescente. L'homme à ses côtés ? Probablement mon grand-père, immigré allemand.

Lycée Arroyo, le 22-06-58. À l'angle de Santa Anita Road et de King's Road – un terrain de football avec des poteaux de fortune. Les croix tracées dans le coin inférieur droit : l'endroit où le corps a été trouvé dans les buissons, au bord de la route. La topographie des lieux manque de perspective. Chaque détail me paraît trop petit, dérisoire par rapport au mythe central de mon existence.

Je regarde les photos du cadavre de ma mère. Je vois le bas noué autour de son cou et les piqûres d'insectes sur ses seins.

La lividité a épaissi ses traits. Elle ne ressemble à personne que j'aie jamais connu.

Je savais que ce n'était pas terminé. Je sentais que les heures passées à consulter le dossier constituaient un nouveau départ plein d'ambiguïté.

Quittant les bureaux de la Criminelle, je me rendis en voiture à El Monte. Les années écoulées depuis 1958 avaient été cruelles.

Je serrai les dents. J'avais l'impression que quelque chose allait me tomber dessus d'un moment à l'autre. Je m'attendais à une migraine ou un sévère tremblement nerveux.

Les maisons préfabriquées avaient mal vieilli, elles bâillaient aux jointures. Les pics de San Gabriel disparaissaient dans le brouillard.

Le Desert Inn avait disparu. Il était remplacé par une baraque où l'on vendait des tacos. Le poste de police d'El Monte avait été rasé et reconstruit.

L'école Anne Le Gore restait intacte. Les graffitis de diverses bandes locales l'avaient remise au goût du jour.

Le restaurant drive-in « Chez Stan » n'existait plus. Mon ancienne maison avait été restaurée au point d'en devenir méconnaissable.

Le lycée Arroyo avait besoin d'un ravalement, et son terrain de sport d'un débroussaillage. Les mauvaises herbes poussaient drues à l'endroit marqué d'une croix sur la photo.

La ville s'était rétrécie. Ses anciens secrets avaient sombré dans les souvenirs des nouveaux venus.

Stoner m'apprit que le sergent Lawton était décédé. Quant à Ward Hallinen, il avait quatre-vingt-deux ans et vivait près de San Diego.

Je l'appelai, et lui expliquai qui j'étais.

Il me pria d'excuser sa mémoire défaillante et me dit qu'il n'avait aucun souvenir de l'affaire.

Je le remerciai pour tout le mal qu'il s'était donné trente-six ans plus tôt. Je me souvenais d'un policier qui m'avait offert un bonbon et je me demandais si c'était lui.

Ce n'était pas terminé. Mes constatations me laissaient insatisfait.

Décommandant une invitation à dîner, je me forçai à dormir. Je me réveillai à 3 heures du matin – je n'avais plus les nerfs à vif, mais le dégoût m'accablait.

J'étais incapable d'aligner deux idées cohérentes. Je descendis au gymnase de l'hôtel et soulevai des poids jusqu'à en avoir mal aux bras.

Un bain de vapeur et une douche me firent du bien. Retournant dans ma chambre, je m'abandonnai sans résister aux pensées qui m'obsédaient.

Des faits nouveaux venaient contredire des hypothèses anciennes. J'avais toujours pensé que ma mère était morte parce qu'elle avait refusé de faire l'amour avec un homme. C'était la conclusion de l'enfant que j'étais pour justifier l'horreur du drame : une femme meurt en résistant au viol.

Ma mère a couché avec son assassin. Un témoin a assisté aux moments qui ont suivi l'accouplement.

Puis ils ont quitté le drive-in. L'inconnu avait envie de se débarrasser de cette femme prête à tout qu'il venait de posséder et reprendre le cours de sa vie. Le drame a éclaté parce qu'elle désirait davantage.

Davantage d'alcool. Davantage de distance entre elle et l'Église hollandaise réformée. Davantage de frissons dégradants dans des bars louches.

Davantage d'amour au 16 000e degré de l'aridité.

J'ai hérité ces pulsions-là de ma mère. À ma naissance, j'ai eu de la chance à la loterie des sexes : l'opinion publique est bien plus indulgente envers les hommes qui couchent avec n'importe quelle femme qu'elle ne l'est envers les femmes qui couchent avec n'importe quel homme. J'ai bu de l'alcool, j'ai pris des drogues et j'ai couru les filles avec l'insolence de ceux que l'on encourage et que l'on pardonne à l'avance. Seules la chance et la prudence des lâches m'ont sauvé du désastre.

La souffrance de ma mère a été plus grande que la mienne : elle définit l'abîme qui nous sépare. Sa mort m'a appris à regarder en moi et à me tenir à l'écart. En me donnant cette leçon, qui est un véritable bienfait, elle m'a sauvé la vie.

Ce n'est pas terminé. Mon enquête va continuer.

J'ai rapporté d'El Monte un autre bienfait précieux : je suis fier de savoir que je lui ressemble.

Geneva Hilliker Ellroy : 1915-1958.

Ma dette s'accroît. Ton ultime terreur est la flamme à laquelle je me brûle.

Je ne diminuerai en rien ton pouvoir en avouant que je t'aime.

Une dent contre le crime

Le capitaine Dan Burt possède le physique et l'élocution d'un républicain éclairé en pleine ascension : de taille moyenne, bronzé, tiré à quatre épingles. S'il ne dirigeait pas la brigade criminelle du comté de Los Angeles, il s'emploierait à sauver l'Amérique, se battant contre Bill Clinton – et aussi, à l'intérieur de son propre clan, contre les partisans d'une droite musclée. Il sait s'exprimer, inspirer confiance, et porter un costume bleu foncé.

Aujourd'hui, devant quelques inspecteurs de la criminelle, il disserte sur l'affaire Simpson et ses conséquences. Six chefs d'équipe et deux administrateurs adjoints s'entassent, debout, dans son bureau.

« On peut s'indigner de la tournure prise par l'histoire O.J., déclare Burt, ou alors on peut en tirer des leçons. Je suis content que ce ne soit pas à nous que l'enquête ait été confiée, mais j'espère bien qu'elle va nous apprendre à tous quelque chose. »

Il tient en haleine sept lieutenants et un sergent. Son discours, éblouissant, aborde la procédure d'isolation du lieu d'un crime, le chaînage des diverses pièces à conviction, et la nécessité d'évaluer dès le départ l'importance qu'accorderont les médias à toute affaire de meurtre impliquant une célébrité, d'analyser lesdites affaires du point de vue de l'avocat de la défense, et d'évaluer et de définir tous les aspects de l'investigation à mesure que celle-ci progresse. Le discours est dense et direct, et la chute arrive de loin : « Les fautes commises dans cette affaire, c'est la police de Los Angeles qui en porte la responsabilité, mais c'est *nous* qui en tirons les bénéfices. »

Sur une table, près du bureau du capitaine, trône un bouledogue en faïence fidèlement reproduit, que complètent une casquette de base-ball ornée des mots *Brigade criminelle* et une crotte en caoutchouc placée derrière son postérieur. Burt tapote la bête et conclut son exposé.

« Cette unité a prospéré parce que nous avons fait l'effort de garder l'esprit ouvert et de tirer des leçons de nos erreurs. Nous n'avons jamais laissé notre réputation nous rendre arrogants. Si nous continuons d'analyser l'affaire Simpson, pour incorporer dans nos procédures ce qu'elle nous enseigne, nous tirerons quelque chose de bon de ce qui n'est, par ailleurs, qu'un gigantesque gâchis. »

En matière de gâchis, le meurtre en est un, qui se manifeste continuellement, vingt-quatre heures sur vingt-quatre. Un assassinat engendre un interminable processus d'investigation qui est rarement direct ou linéaire – principalement parce qu'il recoupe un ou plusieurs autres meurtres, surchargeant de travail les équipes d'enquêteurs concernées, si bien que les inspecteurs croulent sous le nombre des interrogatoires, des convocations au tribunal, des rapports à écrire, sans oublier qu'ils doivent amadouer les proches de la victime pour en obtenir des révélations confidentielles. Le meurtre est une activité qui ralentit rarement et ne s'arrête jamais – elle reste fidèle à la sainte trinité de ses mobiles : la drogue/le sexe/l'argent.

La brigade criminelle de Los Angeles enquête sur tous les assassinats, tous les suicides, tous les accidents du travail entraînant la mort, et autres décès foudroyants d'origines diverses qui surviennent sur le territoire du comté – la vaste zone informe qui entoure la ville elle-même et empiète parfois sur ses limites. La police de la ville de Los Angeles possède une juridiction propre, qui s'insinue, se faufile dans le territoire de la police du comté et en ressort par endroits. Les frontières entre la ville et le comté sont parfois difficiles à distinguer. Le comté est surtout constitué de banlieues modestes et de villes minables qui s'étendent sur cent cinquante kilomètres. C'est ce déploiement hideux qu'on aperçoit d'un avion volant à basse altitude : façades en stuc bon marché, pollution ambiante, et bretelles d'autoroutes à perte de vue.

Les bureaux de la brigade criminelle du comté sont situés dans la zone industrielle de la ville de Commerce, à dix kilomètres du centre de Los Angeles. La brigade se voit souvent confier des enquêtes par divers commissariats des quatre coins du comté ; si vous vous faites descendre à Norwalk ou Rosemond, c'est la criminelle du comté qui sera chargée du dossier.

Chaque année, la brigade essaie d'élucider environ cinq cents décès. Le bureau du procureur de Los Angeles a publiquement déclaré qu'elle possédait les meilleurs enquêteurs du sud de la Californie. De tous les États du pays, les services de police envoient leurs futurs enquêteurs criminels faire des stages de deux semaines dans la brigade du comté de Los Angeles. Les inspecteurs qui la composent sont de bons enseignants, parce qu'ils n'accèdent à leur poste qu'en fonction de leurs mérites passés – au minimum, dix ans de travail préalable (prisons, îlotage et enquêtes diverses dans les autres services). L'âge moyen de tous ces hommes (la quarantaine bien tassée) est révélateur : ils ont laissé derrière eux les aspects les plus tapageurs du travail d'un policier, et la gravité du meurtre les a mûris.

L'ancien shérif Peter Pitchess a surnommé les hommes de son équipe « les Bouledogues », en hommage à leur ténacité et à leur taux avantageux d'affaires résolues. En vérité, les bouledogues sont des chiens paresseux, sujets à des problèmes respiratoires et des malformations de la hanche. Le vautour devrait remplacer le bouledogue comme mascotte de la criminelle.

Comme les flics, les vautours attendent que les gens meurent. Les vautours fondent sur les morts de fraîche date et montent la garde autour des corps, les défendant de leurs serres et de leurs becs acérés. Les inspecteurs de la criminelle interdisent l'accès aux lieux du meurtre, et commencent leur enquête alors que les indices sont rassemblés sur place.

La brigade criminelle du comté de Los Angeles est une division centralisée. Sa structure de base consiste en six équipes de quatorze enquêteurs chacune, dirigées par les lieutenants Derry Benedict, Don Bear, Joe Brown, Dave Dietrich, Ray Peavy et Bill Sieber. Deux unités complémentaires – les *Affaires non résolues* et les *Personnes disparues* – travaillent dans les mêmes locaux. Les meurtres signalés sont pris en charge par les équipes de service, qui assurent une permanence à tour de rôle par rotations de quarante-huit heures.

Les inspecteurs de permanence ne se séparent pas de leurs bipeurs et dorment très mal. Un signal annonce un meurtre, donc une affaire de plus à ajouter à la liste déjà longue de celles dont ils ont la charge. Les alertes en pleine nuit sont à peine préférables à ce que les anciens appellent « la tournée des poubelles », c'est-à-dire : les appels pour les cas évidents de suicides ou pour les constatations d'usage quand un pauvre type s'est fait décapiter par l'explosion d'une chaudière.

La brigade est équipée dans le style actuel des locaux de police : murs blancs et bureaux métalliques. Tous les appels reçus sont centralisés par « la Barrique », un comptoir équipé de téléphones, de corbeilles à messages et de tableaux permettant d'inscrire les affaires en cours et les noms des enquêteurs qui s'en chargent. La Barrique est contiguë à la salle centrale – quatre-vingt-dix bureaux alignés en plusieurs rangées sur toute la longueur de la pièce. Ceux des lieutenants chefs d'équipe se trouvent à l'autre bout, disposés dans le sens de la largeur, à côté de l'étagère du sergent Don Garcia. Il y empile toutes sortes de gadgets qui ont pour point commun de représenter un bouledogue.

Au prix fixé par le sergent Garcia, vous pouvez acheter une montre ou un T-shirt ornés d'un bouledogue. Une horloge murale vous coûtera 39 dollars 95. Jetez un coup d'œil à la tête de bouledogue à épingler au revers d'une veste : la langue géante et le collier clouté sont dignes d'un Walt Disney sous hallucinogènes. Don tient la concession depuis des années. Il achète la marchandise en gros à divers fournisseurs. Il vient d'acquérir un nouvel article : une enseigne au néon en forme de bouledogue pour décorer votre bar !

Les unités des *Affaires non résolues* et des *Personnes disparues* possèdent des locaux séparés donnant sur la salle centrale. Sur la porte des *Affaires non résolues* (Unsolved), la plaque affiche « Unloved » (non aimées.) Cette unité est chargée de réexaminer, périodiquement, des affaires anciennes, et de suivre toute nouvelle piste qui s'y rapporte. L'équipe – Dale Christiansen, Rey Verdugo, Louie « Le Chapeau » Danoff, John Yarbrough et Freddy Castro – constitue le corps enseignant de l'université de la justice en suspens. Leur programme est la bibliothèque de dossiers que Louie Le Chapeau a conservée avec amour. Louie affirme que ces dossiers lui parlent. Il s'est embarqué dans une approche spiritualiste du problème et, de temps en temps, il soumet à des médiums les affaires « sans cadavre ».

Un couloir relie les *Affaires non résolues* à une salle

remplie d'ordinateurs. Une douzaine d'écrans y diffusent une lueur verte, chaque jour, du matin au soir – et on y voit un nombre égal d'archivistes consulter des casiers judiciaires à une cadence constamment effrénée. Les archivistes – des femmes, en majorité – monopolisent le réfectoire chaque jour de midi à quatorze heures. Elles regardent les feuilletons télévisés et s'amourachent des vedettes masculines aux allures efféminées – à l'autre bout du couloir où trône la hideuse plaque murale ornée d'un bouledogue.

Une remarque au shérif Sherman Block : les vautours ont plus de charisme que les bouledogues.

Nous sommes au début du mois de décembre. Les officiers de police Gil Carrillo et Frank Gonzales ont des billets pour le Gala annuel de bienfaisance, la rencontre de boxe entre la police du comté et la police de la ville. Ils s'apprêtent à passer une bonne soirée quand le lieutenant Brown leur apprend qu'ils sont désignés pour être la première équipe de permanence.

C'est couru d'avance : un guignol quelconque va se faire descendre ce soir et leur gâcher leur plaisir.

Carrillo et Gonzales décident de rester à la maison et de se reposer. Gil fait de l'humour auprès du standardiste, le sergent Mike Lee : « Je veux une bonne nuit de sommeil, et un meurtre entre quatre murs à deux pas de chez moi, vers dix heures demain matin. » Joe Brown répond qu'il va passer la commande, ha ! ha ! ha !

Gil et Frank rentrent chez eux. Gil, 1,90 m, possède une carrure impressionnante. La terre tremble à chacun de ses pas. Dans les années 80, il a codirigé l'équipe de la police du comté jointe au détachement spécial réquisitionné dans l'affaire du « Rôdeur nocturne », le tueur en série Richard Ramirez. Lors de la dernière élection au poste de shérif, il s'est présenté face à Sherman Block, raflent 17 % des voix. Quant à Frank, son portrait devrait figurer dans tous les dictionnaires du monde, pour illustrer l'article *latin lover.* Il est beau comme un dieu. Carrillo et Gonzales apportent le charisme des vautours à toutes les affaires qu'ils prennent en charge. Mais ils sont dégoûtés d'avoir raté les matches de boxe pour rien.

Car le souhait de Gil se réalise : son bipeur sonne à dix heures du matin. Il s'agit d'un meurtre commis dans une maison, à dix minutes de chez lui.

La victime, une Blanche de trente-sept ans, s'appelle Donna Lee Meyers. Elle a été trouvée morte à son domicile, à Valinda, une ville modeste de la vallée de San Gabriel.

Elle gît, à plat ventre, sur le tapis vert à longues mèches de sa salle de bains. Elle est nue. Elle a reçu entre vingt et quarante coups de couteau. Des blessures sur ses mains et ses bras indiquent qu'elle a longuement lutté contre son agresseur.

L'appel reçu par le standard a été relayé à deux agents circulant dans une voiture de police. C'est le père de la victime qui a signalé le meurtre. Venu chercher son petit-fils, âgé de trois ans, il a trouvé la porte de derrière déverrouillée, et la maison emplie d'émanations de gaz domestique.

En toussant, le gamin l'a mené jusqu'au corps. Dans la cuisine, tous les brûleurs de la cuisinière à gaz avaient été laissés ouverts en grand, sans qu'aucun d'eux n'ait été allumé.

Carrillo et Gonzales arrivent sur les lieux et se font résumer les faits par les agents. Leur première hypothèse commune : le tueur n'a pas eu le cran d'assassiner froidement le gamin, c'est pourquoi il a ouvert le gaz avant de s'enfuir. Leur première impression : le meurtre n'était pas prémédité, le premier instrument tranchant tombant sous la main de l'agresseur aura servi d'arme pour l'occasion. Leur première décision collective : rester à l'extérieur et laisser d'abord les criminologues faire leur travail, sans risquer de contaminer les lieux.

Le sérologiste prélève des échantillons de sang sur le tapis et les zones voisines. Le spécialiste des empreintes dépose de la poudre et relève des traces et des taches. Un technicien passe dans toutes les pièces avec un piège à poussière électrostatique – un appareil, ressemblant à ceux utilisés pour emballer sous vide, qui transfère le contour d'une trace de pas sur une feuille de Cellophane capable de retenir la poussière. Le médecin légiste reste prêt à intervenir – il enlèvera le corps quand Carrillo et Gonzales lui donneront le feu vert.

Carrillo et Gonzales interrogent les voisins. Une rumeur court dans le quartier : Donna Lee Meyers faisait usage de cocaïne – et elle en revendait par petites quantités. Les deux enquêteurs prennent des notes, relèvent des noms en vue d'interrogatoires complémentaires, et établissent une liste des relations que l'on connaissait à Donna Lee Meyers. Un ami de la victime se présente chez elle, il paraît sincèrement bouleversé d'apprendre que Donna Lee est morte. Carrillo et Gonzales emmènent l'homme au poste du shérif le plus proche pour l'interroger.

Il leur dit qu'il passait pour payer ses dettes à Donna Lee, et avoue qu'il consomme un peu de cocaïne à l'occasion. L'homme donne l'impression d'être totalement innocent. Carrillo et Gonzales le laissent partir et retournent dare-dare sur les lieux du crime.

Ils examinent le corps. Un officier de police leur apprend que l'assassin a laissé la télévision allumée pour le gosse. Les assistants du médecin légiste emmènent Donna Lee Meyers à la morgue du comté de Los Angeles.

La procédure suit son cours.

Carrillo et Gonzales assistent à l'autopsie et obtiennent confirmation de la cause du décès. Ils retrouvent le père de l'enfant de Donna Lee et l'écartent de la liste des suspects. Un psychologue les aide à interroger le petit garçon de Donna Lee. Les souvenirs que le gosse garde de cette journée sont monstrueusement déformés. L'interrogatoire, tout en douceur, ne permet d'obtenir que des réponses ambiguës.

Les premiers jours de décembre laissent la place au milieu du mois. Carrillo et Gonzales interrogent les relations connues de Donna Lee Meyers, et n'arrivent pas à trouver de suspects sérieux. L'affaire s'annonce longue et difficile – de celles que l'on résout ou que l'on ne résout pas pendant que d'autres dossiers s'accumulent.

On approche de Noël. Le réfectoire de la brigade, décoré de bannières rouges et vertes, est rempli de friandises.

Les Bouledogues-vautours font des descentes et se servent au passage ; les tartes à la noix de pécan et les caramels ne vous lâchent plus après la première bouchée.

Les conversations vont bon train. La nourriture disparaît. L'année 1994 voit ses derniers instants s'envoler dans un tourbillon d'anecdotes qui s'échangent sur un rythme soutenu.

Bill Sieber en est à la moitié de son récital traditionnel : il raconte comment la fille d'un ami a été assassinée à Olympia, État de Washington, et de quelle façon les collègues du coin ont saboté le travail. Bill est le roi du monologue. Il fascine son auditoire – bien que chacun des inspecteurs présents ait déjà entendu l'histoire six douzaines de fois. Le lieutenant Frank Merriman glisse quelques astuces dans le récit, en affichant son rituel sourire de satisfaction. Frank sourit 96 % du temps. On devrait transmettre ses ondes cérébrales sur les réseaux de télévision, pour que tout le monde puisse profiter de sa bonne humeur.

Cheryl Lyons passe près de nous. Elle a des yeux turquoise – à moins qu'elle ne porte des lentilles de cette couleur. Le regretté Jack Hoffenberg s'est inspiré du personnage de Cheryl pour l'héroïne de son roman *The Desperate Adversaries*. Cheryl, l'agent des stupéfiants de 1973, est devenue la Cheryl du panthéon du livre de poche. Aujourd'hui, Cheryl est pensive : le comté va-t-il enregistrer huit meurtres supplémentaires avant la fin de l'année, et battre son record historique de cinq cent trente-sept ?

Ike Sabean pense que c'est dans la poche. Ike travaille au service des Mineurs disparus, et mérite d'être considéré comme un véritable génie.

On peut admirer son œuvre sur les cartons de lait : les portraits de gosses que la police recherche et les numéros de téléphone à appeler si on les aperçoit. Ike a mis cette idée au point en collaboration avec un laitier de Chicago. Au total, il a convaincu soixante-sept laiteries et firmes industrielles de reproduire les photos sur les emballages, faisant monter jusqu'à 70 % la proportion de gosses retrouvés sur le plan local avant que le public cesse de prêter attention aux portraits. Il possède également un diplôme d'embaumeur professionnel. Il explique le choix de ce métier de complément de la façon suivante : « J'aime travailler avec les gens. »

Jerome Beck traîne du côté du plat de biscuits au chocolat. Beck a travaillé comme conseiller technique sur le tournage du film *Dead Bang*. Il en a aussi écrit le scénario. Et devinez quoi ? Le metteur en scène a baptisé le personnage principal, incarné par Don Johnson, Jerry Beck.

Le géant Gil Carrillo entre dans la pièce. Le plancher vibre – un saladier de gelée aux fruits en attrape la tremblote. Gil coince Louie Le Chapeau et passe en revue avec lui les photos prises sur les lieux du meurtre de Donna Lee Meyers.

Les deux hommes discutent des blessures que la victime a reçues en se débattant et des trajectoires des jets de sang. Louie est accompagné d'une femme au regard absent – une médium qu'il consulte régulièrement.

On l'appelle Le Chapeau parce qu'il porte constamment un feutre tyrolien orné d'une plume. Si vous touchez au chapeau de Louie, il ne vous ratera pas. Il y a quelques années, un guignol de la police de la ville le lui avait ôté sans prévenir, pour plaisanter aussitôt sur son crâne rasé. Sans hésiter, Louie lui avait expédié un direct à la mâchoire.

Gil le géant s'éloigne. Louie bavarde avec son médium. Don Garcia punaise une note au tableau d'affichage : les montres bouledogues font de merveilleux cadeaux de Noël !

Les archivistes de la salle des ordinateurs font la tête. Dans cette atmosphère de fête, les conversations ambiantes noient la bande son de leur feuilleton favori.

Le patron se fait les dents sur l'affaire Guevara. Son bouledogue en faïence se fait les siennes sur le pompon de son bonnet de Père Noël – Dan Burt aime coiffer son animal en fonction de la saison.

C'est l'équipe de Roy Peavy qui a hérité du dossier Guevara : un double enlèvement suivi d'un double meurtre, quelque part au diable, du côté de Lancaster. L'officier Liova Anderson et le sergent Joe Guzman ont été informés les premiers, l'affaire se présente comme une véritable énigme, apparemment inexplicable.

Peavy en reconstitue la chronologie pour Dan Burt. La conversation qui se déroule dans le bureau du capitaine n'a rien d'officiel, et la porte ouverte encourage les curieux à venir s'y mêler.

Le premier appel, reçu par Anderson le mercredi 30 novembre, signale qu'un cadavre a été abandonné dans le désert. Anderson se rend en voiture à Palmdale-Lancaster pour examiner le corps. C'est un Latino-Américain dont les mains, le visage et l'entrejambe présentent des brûlures.

La victime a été enveloppée dans une couverture pour bébé, et arrosée d'un liquide inflammable auquel on a mis le feu. Un pressentiment s'impose aussitôt à Liova : les brûlures aux parties génitales suggèrent un meurtre à connotation sexuelle.

Liova doit travailler seule pendant les soixante-douze premières heures : Joe Guzman, expert de la violence des gangs connu au niveau national, donne une conférence au Texas. Elle s'attelle sérieusement à la tâche et obtient une première série de résultats.

Le vendredi, elle assiste à l'autopsie. Le médecin extirpe un projectile du crâne du cadavre, et déclare que c'est « une blessure par balle » qui a provoqué la mort. Il coupe les doigts de la victime, les réhydrate, et confectionne une série bien lisible d'empreintes digitales.

Le dimanche, Liova entend un bulletin d'informations à la radio : à Lancaster, on signale la disparition d'un couple de Latino-Américains, Carlos et Delia Guevara. Liova a un second pressentiment : son mort est Carlos Guevara.

Elle appelle le service des Personnes disparues

d'Antelope Valley. Un officier lui apprend que deux hommes de la brigade criminelle du comté, le sergent Jim Sears et l'officier de police Jerry Burks, sont déjà chargés de l'enquête parce qu'un impact de balle a été découvert dans le mur du salon de Carlos et Delia Guevara.

Joe Guzman rentre du Texas. Liova l'emmène à Lancaster et lui explique l'affaire en cours de route. L'équipe retrouve Burks et Sears dans la maison des Guevara. Avec un peu de retard, Sears lâche une vraie bombe : le corps de Delia Guevara a été découvert à Yermo pendant le week-end.

Comme son mari, elle a été tuée par balles, et son corps abandonné en pleine nature – dans le comté de Bernardino, à cent kilomètres de l'endroit où on a retrouvé le cadavre de Carlos.

Liova fouille les papiers personnels du couple Guevara et trouve une carte d'identité de Carlos où figurent ses empreintes digitales. Elle l'emporte au laboratoire de police criminelle du comté et demande à un technicien de comparer les empreintes à celles des doigts réhydratés prélevés sur le cadavre de l'inconnu.

Elles concordent.

Burks et Sears enquêtent sur Delia ; Anderson et Guzman se consacrent à Carlos.

Le premier pressentiment de Liova revient à la charge : il s'agit d'un meurtre dont le mobile – une vengeance, peut-être – est d'ordre sexuel. Elle commence une enquête approfondie sur les antécédents des Guevara.

Elle apprend que Delia travaillait dans un Burger

King local et Carlos dans un magasin d'électroménager, que le couple avait émigré clandestinement du Mexique et vivait au-dessus de ses moyens. Liova Anderson apprend aussi que Delia recevait à son travail des menaces par téléphone et que Carlos adorait tenir des propos salaces devant un auditoire mixte, même si cela mettait mal à l'aise ses voisins et ses amis. Carlos avait aussi la réputation de courir ouvertement les femmes.

Joe Guzman découvre de nombreux jouets dans une chambre condamnée de la maison des Guevara. C'est une anomalie flagrante. Les Guevara n'avaient pas d'enfants, et ils avaient souvent dit à leurs amis qu'ils n'avaient pas l'intention d'en avoir. Les détails de l'affaire commencent à donner une idée du mobile.

Deux meurtres. Une vengeance perpétrée par un amant trompé ou par les parents d'un enfant violenté sexuellement.

Ray Peavy conclut son exposé des faits. Anderson et Guzman d'une part, Burks et Sears de l'autre sont encore sur l'affaire – qui reste une énigme totale.

Le sergent Jacque Franco passe la tête dans l'encadrement de la porte pour profiter de la conversation. L'officier de police Rick Graves se glisse dans la pièce pour faire de même ; Dan Burt lui dit bravo pour son travail dans l'affaire de la noyade survenue près des côtes de l'île de Catalina.

Ray Peavy commente : « Ça n'arrête jamais. »

Jacque Franco fait remarquer : « Il nous manque encore six décès pour battre le record. »

Dan Burt tapote son gros bouledogue en faïence.

La veille de Noël, le sergent Bob Perry et l'officier de police Ruben « B.J. » Bejarano sont envoyés sur les lieux d'un meurtre. Il fait froid, il fait nuit, et il pleut – les conditions sont idéales pour la violence *intra-muros*.

Ils se rendent dans une boutique vidéo près du commissariat de Century. Une Taïwanaise nommée Li Mei Wu gît sur le sol, morte, derrière le comptoir.

Le mauvais temps a réduit au minimum le nombre des curieux. Les policiers du quartier ont rassemblé les témoins oculaires et les retiennent dans les locaux du commissariat. Un sergent expose les faits à Bejarano et Perry.

Trois adolescents noirs sont entrés dans le magasin peu avant l'heure de fermeture. Après avoir agressé verbalement la victime, ils sont sortis, pour revenir quelques minutes plus tard. L'un d'eux a tiré sur Li Mei Wu avec un fusil. Ressortant précipitamment, ils ont pris la fuite à pied.

La victime est étendue sur le dos. Derrière le comptoir, il y a une cartouche neuve calibre 22 et une douille vide. L'assistant du médecin légiste soulève le corps, localise la blessure que la balle a laissée en ressortant, et le projectile pris dans les vêtements de Li Mei Wu. Il pense que le coup de feu a probablement tranché l'aorte de la victime.

L'assistant découvre 300 dollars dans les poches de Li Mei Wu. Perry et Bejarano notent que cet argent n'a pas été touché, que la caisse enregistreuse est pleine, puis éliminent à regret le vol de la liste des mobiles du crime. Le sergent qui les a accueillis leur rapporte ce qu'ont dit les témoins oculaires : la première fois qu'ils sont sortis de la boutique, les agresseurs se sont rendus dans une laverie automatique, à quelques mètres de là, avant de revenir tuer Li Mei Wu.

Le corps est emporté à la morgue du comté. Dans son carnet, B.J. trace un croquis du magasin vidéo, puis il fait un saut jusqu'à la laverie dont il dessine le plan. Un officier du labo arrive à son tour ; il prend des photos des lieux du crime et relève les empreintes aussi bien à la laverie automatique que dans la boutique vidéo.

Bob et B.J. se font indiquer l'adresse du commissariat de Century et s'y rendent en voiture. Deux témoins les y attendent – les trois autres ont signé des dépositions préliminaires, laissé leur numéro de téléphone et sont rentrés chez eux.

B.J. et Bob mènent les interrogatoires. À plusieurs reprises, ils passent en revue des points de détail concernant l'angle de vision des témoins, les conditions d'éclairement à l'intérieur du magasin et à l'extérieur. Les questions sont formulées et reformulées, les réponses sont comparées aux trois dépositions préliminaires. Un récit unique et bref en émerge.

À vingt heures vingt, trois adolescents noirs entrent dans la boutique vidéo. Ils font du tapage dans le magasin ; Li Mei Wu leur demande de sortir. Les gosses jettent un coup d'œil au rayon des films X et touchent de nombreuses cassettes dont les jaquettes sont susceptibles de garder des traces d'empreintes digitales. Ils se rendent à la laverie, font du tapage, retournent au magasin vidéo et s'approchent de Li Mei Wu. L'un des gosses lui dit : « Donne-moi ton fric, salope ! » Un autre sort un fusil de sous ses vêtements et abat Li Mei Wu – comme ça, tout simplement.

Nous sommes le matin de Noël, à présent. Meilleurs vœux à tous les Bouledogues – votre nouvelle affaire est un blasphème insensé en ce jour de paix et de fêtes joyeuses.

Les jours passent. Bejarano et Perry travaillent sur l'assassinat de Li Mei Wu.

Ils interrogent quatre témoins supplémentaires et confirment leur scénario de départ. Ils montrent aux témoins une série de portraits de criminels fichés, et n'obtiennent aucun résultat. Par contre, quand ils s'intéressent à un incident plus ancien concernant la boutique, la chance leur sourit un peu.

Le magasin a été attaqué en novembre, alors que Li Mei Wu tenait la caisse. Les voleurs : trois adolescents noirs.

Les mêmes gosses ont braqué une pizzeria du quartier ce même soir de novembre. Li Mei Wu a identifié l'un des garçons comme étant le petit-fils de l'un de ses clients. Deux officiers de police sont allés chez lui pour l'arrêter, mais le petit dernier avait déguerpi.

B.J. et Bob passent de nouveau au crible le rapport du meurtre de décembre. Un fait ressort clairement : Li Mei Wu a déclenché l'alarme lors du vol de novembre mais elle n'a pas tenté d'actionner le bouton le soir de sa mort. *De toute évidence, elle n'a pas reconnu dans ses trois agresseurs les voleurs du mois précédent.* Bejarano et Perry trouvent là une confirmation de leur sentiment premier : l'assassinat a été commis par des gosses du quartier. Les tueurs sont partis en courant sous la pluie – ils n'avaient pas de voiture et se sont fait tremper en rentrant chez eux. Un trio de voleurs ; une triplette de tueurs. On n'allait pas tarder à jaser dans le voisinage, et les bavards donneraient bientôt aux deux enquêteurs de bonnes chances de résoudre l'affaire.

Pendant que d'autres dossiers s'accumulent.

Les assassins font une longue trêve après Noël. Les équipes de permanence effectuent des rotations entières sans enregistrer le moindre meurtre. Le sapin du réfectoire croule sous le poids de la neige artificielle qui se décompose.

Les Bouledogues ont les yeux injectés de sang. Leur tour de taille s'épaissit. Un café à haute teneur en octane ne parvient pas à donner du nerf à leurs maigres conversations sans queue ni tête.

Rey Verdugo se souvient d'autres périodes d'accalmie. Quelques années plus tôt, le comté de Los Angeles a compté jusqu'à neuf jours sans un seul meurtre. L'un des copains de Rey avait accroché à l'une des fenêtres de la brigade un panneau ordonnant : TUEZ ! Dans les vingt-quatre heures qui suivirent, la criminelle enregistrait douze authentiques assassinats.

Dave Dietrich exhibe les nouveaux vêtements qu'il a eus pour Noël. Sa femme lit les magazines de mode masculins et s'en inspire pour ses achats. On serait tenté de l'appeler « Dave le Dandy » s'il ne ressemblait pas autant à un professeur d'université.

Bill Sieber boit du Slim-Fast en prévision de son régime du nouvel an. Entre deux gorgées, il monologue – d'une voix étrangement calme. Ray Peavy et Derry Benedict parlent de la fête de Noël au restaurant Stevens. Pendant toute la soirée, Ray y a tenu le rôle de disc-jockey – ce qu'il fait régulièrement quand il n'est pas de service.

La conversation s'oriente vers les cas célèbres de meurtres non résolus. Derry amène sur le tapis son affaire préférée : l'assassinat de Georgette Bauerdorf en 1944. Quand il prendra sa retraite, il écrira un roman sur le sujet.

Louie Danoff et Rey Verdugo comparent leurs crânes rasés. Gary Miller tâte un biscuit du doigt comme s'il s'agissait d'une bouse fraîche.

Les assassins de Carlos et Delia Guevara, de Donna Lee Meyers et de Li Mei Wu sont toujours en liberté. Bientôt, le bilan des meurtres de l'année sera clos – et on commencera une nouvelle liste.

L'année 1994 s'achève sur un total qui compte trois meurtres de moins que le record historique. Des coups de feu éclatent pour saluer 1995 – les déflagrations retentissent dans tout le comté.

Les tirs d'armes à feu et les explosions de pétards ont tendance à se ressembler. Les autochtones s'habituent au vacarme, mais ils s'attendent à ce que celui-ci diminue avant le 2 janvier.

Cinq détonations se font entendre à six heures quarante-cinq au matin du premier de l'an. Elles proviennent du carrefour de Hill Street et California Street, dans la ville d'Huntington Park. Les explosions font beaucoup de bruit. En aucune façon, il n'est possible de les confondre avec autre chose que ce qu'elles sont : des déflagrations produites par une arme à feu de fort calibre.

Leurs échos évoquent un règlement de comptes entre bandes rivales. Les Sales Gosses et les Dingos ont peut-être déterré la hache de guerre. Dans Hill Street, une douzaine de personnes appellent la police.

Le commissariat d'Huntington Park envoie une voiture de patrouille. Les officiers de police découvrent le corps de Joseph Romero, un Latino-Américain né le 11 mai 1969. Il est mort au volant de sa voiture, le torse perforé par cinq balles d'AK-47.

Des douilles vides jonchent le trottoir. L'une des balles a traversé le corps de Romero de part en part pour ressortir à travers la portière du côté conducteur.

Les policiers alertent la brigade criminelle du comté. Le lieutenant Peavy, l'officier de police Bob Carr et le sergent Stu Reed se rendent sur les lieux.

Carr et Reed sont des quinquagénaires trapus et de petite taille. Ils ont intégré la brigade dans les années soixante. Reed est un spécialiste de la sculpture sur bois ; quant à Carr, il arbore une magnifique moustache en guidon de vélo. Quand les deux hommes parlent, c'est sur un ton lent et froid comme une pierre tombale.

Une foule s'amasse. La police d'Huntington Park repousse les badauds et délimite un périmètre interdit à l'aide de ruban jaune. Les assistants du médecin légiste enlèvent le corps ; une voiture grue de la police locale remorque le véhicule de Romero jusqu'au laboratoire de criminologie.

Reed et Carr examinent les lieux. Ils ne tardent pas à échafauder une hypothèse.

Romero était assis seul dans sa voiture. Il était garé à six numéros de chez lui. Il attendait quelqu'un.

Du côté passager, la vitre était baissée. « Quelqu'un » s'est approché, a passé son arme dans l'ouverture, et a arrosé Romero.

Le meurtre a des relents de règlement de comptes ou de trafic de drogue. À moins que Romero se soit amusé à sauter la petite amie ou la sœur de « quelqu'un ». Les flics d'Huntington Park ont quelques témoins au frais – qui meurent d'envie de donner leur version des faits.

Reed et Carr les interrogent au commissariat local. Trois citoyens modèles leur racontent des histoires similaires : des coups de feu et deux Latino-Américains s'éloignant au pas de course dans des directions différentes. L'un était petit, l'autre était grand – les descriptions concordent parfaitement. Reed et Carr réexaminent leurs dépositions sous tous les angles possibles.

C'est un exercice de logique dans l'espace et une magistrale leçon d'analyse de points de vue subjectifs. C'est la collecte de détails infimes considérée comme une forme d'art – et Carr et Reed sont de remarquables orpailleurs.

L'affaire commence à ressembler à un meurtre de voisinage comme il y en a tant. Le tueur et son complice se sont enfuis à pied et ils étaient sans doute tranquillement chez eux quelques minutes plus tard.

Reed et Carr interrogent Paulino, un jeune Mexicain. Paulino nie appartenir à une bande et affirme qu'il n'a pas touché à la drogue depuis qu'il est sorti de désintoxication. Il dit avoir vu un Latino-Américain de haute taille quinze minutes après la fusillade. Le type adressait un signe de la main à une fille qui se penchait à la fenêtre de l'immeuble de couleur beige situé sur Salt Lake Avenue.

Un cinquième témoin, interrogé à part, corrobore les faits. Il a vu le grand type courir en direction de ce même immeuble quelques instants après les coups de feu.

Les pièces du puzzle s'assemblent. Reed et Carr décident d'attendre et de ne pas se rendre le soir même dans l'immeuble en question – les choses pourraient mal tourner. Ils se mettent d'accord sur la marche à suivre : se renseigner, quand ils prendront leur service, auprès des policiers d'Huntington Park chargés de surveiller les gangs ; découvrir qui habite dans cet immeuble et agir en conséquence.

Après les témoins oculaires, il y a encore trois personnes à interroger : l'oncle, la tante, et le frère de Joseph Romero. Carr et Reed leur parlent avec douceur et formulent toutes les questions intimes sur un ton empreint de déférence. Les proches de Romero y sont sensibles. Ils affirment que Joe était un brave gosse qui essayait de tirer un trait sur la drogue et ses liens avec sa bande. Ils fournissent des noms : Joe était très lié avec une douzaine d'autres Latino-Américains du quartier.

Reed et Carr ne mentionnent pas l'immeuble de couleur beige. Les deux hommes ne savent pas qui les proches de Romero connaissent et qui ils pourraient se sentir obligés de protéger.

L'interrogatoire fini, la famille Romero s'en va. Reed et Carr rentrent chez eux prendre quelques heures de sommeil. Ils ont l'air vieux et traînent des tonnes de fatigue accumulée – comme s'ils n'avaient jamais l'occasion de récupérer pendant que les meurtres s'accumulent.

Les vacances sont finies. Bob Perry et Jacque Franco bavardent à leurs bureaux.

Bob annonce qu'il vient de marquer un point dans l'affaire Li Mei Wu. Les gosses qu'il a arrêtés se révèlent être les auteurs du braquage du magasin vidéo survenu un mois avant le meurtre. Les suspects ont treize, treize et seize ans – ils sont associés à une bande de la 89e Rue. Le procureur vient d'en inculper deux – le troisième pourrait se retrouver bientôt dans la même situation.

Stu Reed vient à passer. Jacque lui demande comment se présente le dossier Romero. Stu répond qu'un des tueurs est identifié mais qu'ils n'arrivent pas à retrouver sa trace. « Ne t'en fais pas, commente Jacque, il reviendra dans le coin pour se vanter. »

Gil Carrillo s'assied. Il remet bien droite une photocopie qu'il conserve sur le sous-main de son bureau.

Sur la feuille, les mots « L'enquêteur de la brigade criminelle » ressortent en caractères gras. Un seul paragraphe est imprimé au-dessous :

« On ne peut faire plus grand honneur à un officier de police, on ne peut lui imposer de plus noble mission que de le charger d'enquêter sur la mort d'un être humain. Il est de son devoir de découvrir les faits, sans se laisser influencer par des questions de couleur ou de foi, sans préjugés, et de ne laisser aucune autorité sur terre l'empêcher de soumettre ces faits à la cour sans tenir compte de la personnalité de la victime. »

Gil envoie un baiser à la profession de foi de sa brigade. Dans ses yeux, apparaît ce regard un peu flou qui signifie : « Foutez-moi la paix ! Je suis encore dans mon rêve. » Sa conscience professionnelle va bien au-delà des exigences de son métier. Jacque lui fait remarquer : « Ce boulot, pour toi, c'est encore Disneyland, non ? »

Gil fait basculer son fauteuil en arrière. « Ce n'est pas Disneyland quand on te tire de ton lit à trois heures du matin. Mais quand tu arrives sur les lieux du meurtre, c'est comme si tu entrais à Disneyland et que tu voyais au loin la descente en bobsleigh du Matterhorn. Ce n'est pas Disneyland quand tu vois des horreurs, mais c'est Disneyland au tribunal quand le premier juré annonce : “ Coupable ”, et que tu fonds en larmes comme la famille de la victime. »

Les vacances sont loin.

Le bouledogue de Dan Burt a récupéré sa casquette de base-ball. Burt jette un catalogue d'armes à feu dans sa corbeille. Amateur d'armes depuis toujours, il est sur le point de renier sa passion.

« À présent, ma collection de pistolets me dégoûte, déclare-t-il. Elle me donne l'impression de prendre part à une sorte de maladie collective. »

Ray Peavy tousse.

« On a trouvé la voiture de Carlos Guevara à la gare routière, au centre ville. Le labo s'en occupe. »

Burt désigne un document sur son sous-main – un modèle de lettre de condoléances que la brigade adresse à la famille des victimes de meurtres.

« On ne peut pas envoyer ça à la femme de Guevara, elle est morte aussi. Tout ce qui nous reste à faire, il me semble, c'est prier et poursuivre l'enquête. »

Pendant que d'autres dossiers s'accumulent.

La Séduction d'O.J. Simpson

Les meurtres de l'affaire Simpson/Goldman n'ont rien d'exceptionnel, il est facile de s'en rendre compte. Si on fait abstraction de la notoriété de l'accusé, du milieu qui leur sert de cadre (celui du spectacle), il reste un vulgaire massacre perpétré dans un moment de folie, comme on en voit aussi bien dans le quartier de Watts ou à Petaouschnock dans le Delaware. La conjonction de trois éléments – la gloire, la beauté et une couverture médiatique envahissante – a propulsé un double assassinat à l'arme blanche assez banal au Panthéon des rares crimes qui restent gravés dans nos mémoires. Les affaires Leopold-Loeb, Wylie-Hoffert, et celle de la famille Manson (riches d'enquêtes complexes et d'implications psychologiques représentatives de leur époque) ne peuvent se mesurer à la Trinité Simpson. Un carnage minable suivi d'une fuite précipitée est devenu le Crime du siècle.

Le dimanche 12 juin 1994, O.J. Simpson s'est ou ne s'est pas rendu chez son ex-femme Nicole Brown Simpson, assassinant celle-ci et un jeune homme nommé Ronald Goldman. Il portait ou ne portait pas des gants et une cagoule de ski ; il a ou n'a pas massacré ses victimes à l'aide d'un couteau à manche en os, d'une baïonnette ou d'une pioche. Il a ou n'a pas décampé pour regagner en voiture son propre logis, à quelques minutes de là.

Nicole Brown Simpson était ou n'était pas une bonne mère de famille, une cocaïnomane, une pétasse stupide. C'était ou ce n'était pas une anorexique, une boulimique, ou une nymphomane ayant pour habitude de racoler des hommes dans une cafétéria de Brentwood. Les détails de sa vie privée peuvent être rassemblés et combinés entre eux de façon à illustrer toutes sortes d'hypothèses sordides. Ce qui la caractérise sans ambiguïté, c'est le fait suivant, appuyé par de nombreux témoignages : O.J. Simpson l'a rouée de coups pendant les cinq dernières années de sa vie.

Quant à Ron Goldman, c'était soit un serveur voulant devenir acteur, soit un acteur gagnant sa vie comme serveur – euphémisme assez courant dans le monde du travail à Los Angeles. Il était ou n'était pas l'amant de Nicole. Il empruntait ou n'empruntait pas à l'occasion la Ferrari de Nicole, ce qui rendait ou ne rendait pas O.J. fou de rage. Les constatations des médecins légistes montrent que Goldman s'est débattu de toutes ses forces pour rester en vie. L'expertise médico-légale sert à éliminer les conjectures et les interprétations, en appliquant des méthodes scientifiques impartiales et dont un long usage a prouvé la validité. Elle sert à confondre un suspect en prouvant sa présence sur les lieux du crime. Elle sert de contrepoids à la sensiblerie poisseuse des appels à la clémence. La recherche d'indices par l'expertise médico-légale est une quête délibérée de la vérité. C'en est une aussi que de chercher légitimement à démasquer certaines impostures scientifiques ou la mise en œuvre approximative de procédures établies depuis longtemps. Dans l'affaire O.J. Simpson, l'analyse des conclusions des médecins légistes pourrait bien être un facteur déterminant pour la décision finale. Le revers de la médaille, c'est que l'on risque, logiquement, de déboucher sur le chaos : un verdict, ou une absence de verdict, engendrés par le prolongement interminable du déluge multimédia qui a inondé tous les jurés potentiels, et, en fait, l'Amérique entière, d'une accumulation de détails contradictoires à la fois parfaitement pertinents et tout à fait superflus, une tornade pestilentielle d'informations, de racontars, de calomnies, d'attaques rapportées avec une ingénuité feinte, qui vous accule dans un coin, comme un violeur auquel on ne peut pas échapper, à moins de renoncer aux faisceaux d'électrons et aux pages imprimées qui nous donnent accès au reste du monde, avant de s'embarquer pour le pôle Sud où on se contentera de sauter des pingouins. O.J. a ou n'a pas versé son propre sang devant chez Nicole. Il est rentré d'un voyage express à Chicago, exhibant une coupure toute fraîche. Il aurait pu se blesser tout seul en brisant un verre, sous le coup de l'émotion provoquée par l'annonce de la mort de son ex-femme, ou encore en la lardant de coups de couteau sans avoir éloigné suffisamment sa main libre. Les trajectoires des éruptions sanguines concernent avant tout les médecins légistes et les experts juridiques. Elles ne présentent pas le même intérêt, pour les médias populaires, que les indiscrétions sur la vie sexuelle d'une femme séduisante et les portraits tendancieux visant à faire passer un misogyne endurci pour un petit frère des violeurs présumés de l'affaire de Scottsboro. Tant qu'on ne trouvera pas en magasin le CD-Rom interactif « O.J. Simpson » à jets de sang incorporés, nous devrons peut-être nous contenter de considérer l'endroit où ce sang a été répandu comme une preuve tangible de la culpabilité ou de l'innocence de M. Simpson – restriction exaspérante destinée à entretenir, même étroitement, notre impartialité alors que les informations pleuvent et nous inondent.

L'affaire O.J. Simpson est un gigantesque roman russe situé à Los Angeles. Si cette superproduction a eu Los Angeles pour cadre, c'est parce que les protagonistes principaux voulaient tous sucer la queue géante et vénéneuse de l'industrie du Spectacle. C'est une histoire de métamorphoses, parce que Los Angeles est LA ville où il faut aller quand on veut devenir quelqu'un d'autre. C'est là que tout est arrivé, parce que Los Angeles est le meilleur endroit au monde pour se faire gonfler les seins ou rallonger la verge. Ça s'est passé dans le quartier de Brentwood, parce que les SDF, les accros du crack et autres symboles visibles du désespoir y sont réduits au minimum.

O.J. Simpson voulait être blanc. Ron Goldman voulait être acteur – ambition tout aussi ridicule.

Nicole voulait une vie excitante pleine de bruit et de fureur, et la notoriété par procuration qu'on gagne en couchant avec des hommes célèbres. Elle conserva son statut de personnalité de seconde zone jusqu'à sa mort. Elle devint la page blanche dont les commentateurs se servirent pour expliquer le long voyage de son mari vers l'exclusion. Nicole a payé le prix fort pour devenir membre du club. Cela se voyait déjà à l'œil nu bien avant sa mort. Visage pincé, fripé sur les bords, des traits trop fins maintenus trop longtemps sous tension, malmenés par trop de défonces à la cocaïne, trop d'efforts frénétiques en salle de gym, trop de temps consacré à sauvegarder une apparence physique présentable. Elle n'avait pas la beauté parfaite de ces Vénus de plage vénérées par les jeunes imbéciles et par l'homme qui l'a peut-être ou ne l'a peut-être pas assassinée. La force physique de Nicole Brown Simpson, c'est ce masque figé par le dessèchement qui recouvre tout son visage. Les rides qui commencent à se creuser sont peut-être la conséquence de combats intérieurs répétés, ou du simple processus du vieillissement, ou du fait qu'elle avait de plus en plus conscience de s'être elle-même propulsée au fond d'une impasse : celle d'un désir masculin obsessionnel, brutal, et d'une existence où tout est factice et superficiel. Depuis le début, les relations de Nicole et d'O.J. étaient marquées du signe de l'entente frauduleuse et de l'imposture. Simpson se payait la blonde incendiaire que cinquante ans de culture populaire lui ordonnaient de convoiter, et une psyché docile acceptant sa conception de la monogamie à sens unique. Nicole s'offrait un homme riche, beau et célèbre, dont le caractère infantile lui permettait d'espérer qu'elle le manipulerait à sa guise.

Ce que Simpson avait acheté, c'était un voyage au bout de son propre inconscient, et un contrat rédigé d'avance qui le condamnait à l'horreur. Nicole, pour sa part, abdiquait devant un drame intérieur qui finirait par la détruire. Ils se sont tous les deux offert un billet pour Hollywood. La carrière sportive d'O.J. touchait à sa fin au moment où ils se sont connus. Simpson sentit qu'il pourrait continuer à jouer les braves types, et décrocher sans peine des contrats juteux pour faire l'acteur, grâce à son aplomb éprouvé d'homme-caméléon. Il avait fait une seconde carrière en désarmant les gens par ses sourires et ses gestes de modestie ; s'il ne parvenait pas à atteindre ce degré de transposition qu'exige un jeu d'acteur de qualité, il pourrait toujours se rabattre sur son propre personnage de bon bougre, limiter ses ambitions artistiques en prenant Stallone plutôt que Laurence Olivier comme modèle, viser le créneau des héros de films d'action, et se faire beaucoup de fric et de nanas par la même occasion. Dans le métier, il connaissait un paquet de ringards et de faux durs, des barjos qui souscrivaient à l'éthique omniprésente à Hollywood selon laquelle seuls les salauds ont du caractère, mais qui ne s'étaient jamais battus à mains nues de leur vie, et qui affectionnaient le genre de plaisanterie consistant à raconter que leur femme les avait plaqués pour un *black* bien monté. Il connaissait des types comme ça ; ils le connaissaient aussi ; il prenait son pied à se sentir sur la même longueur d'onde que ces gars-là. Ils allaient faire de lui une *énooorme* vedette de cinéma.

O.J. se trompait dans ses calculs. Ses pouvoirs de séduction d'inadapté social se limitaient à des répliques de cinq secondes, et ne fascinaient que de naïves jeunes filles. Il faut préciser qu'O.J. Simpson n'est pas le plus mariole de tous les enfoirés qu'on ait jamais vus sur terre. C'est un homme doté de grandes qualités physiques, d'un charme superficiel, d'une finesse limitée, qui est passé en douceur du football au cinéma en traînant dans son sillage une fille facilement impressionnable. Il a fait son trou à Hollywood, où le mariage est une plaisanterie et un paravent masquant des liaisons sexuelles secrètes. Il a introduit dans le sanctuaire une femme en laquelle le monde extérieur, à force de matraquage, voyait La Créature La Plus Désirable Qui Soit. Il l'a droguée à la gloire comme les maquereaux droguent leurs tapins à la came. O.J. a fait entrer Nicole dans un monde où il n'était qu'un citoyen de seconde classe. Il a décroché des petits rôles dans des comédies ineptes – mais les faux durs du cinéma n'avaient pas vraiment besoin de lui. Il ne deviendrait jamais une star, parce que le registre de son jeu dramatique n'était pas plus étendu que celui d'une tortue. Il s'était métamorphosé en une sorte de lèche-cul invétéré qui, à l'écran, ne pourrait jamais passer pour quelqu'un de véritablement héroïque ni de dangereux. Nicole fut le témoin de la longue dégringolade d'O.J. Elle constata l'ambiguïté fondamentale de sa notoriété : c'était un caïd aux yeux du grand public, et un minable pour l'élite dont il léchait les bottes.

Elle atteignit la maturité dans un cadre somptueux, jouissant avec délices des privilèges des nantis. Elle était aux premières loges pour voir son mari céder sous le poids de sa propre futilité. Il y a longtemps qu'O.J. a grillé les circuits de son identité raciale. Il a dû se dire que son choix se limitait à devenir un collabo du pouvoir blanc, ou un violeur sadique. Il ne lui est jamais venu à l'esprit qu'une immense majorité de Noirs n'appartient à aucune de ces deux catégories. Son charme le situait au-delà des barrières raciales ; opportuniste universel, fayot tous azimuts, il savait embobiner les Noirs comme les Blancs. Il s'était fait une place à Hollywood parce qu'il avait un physique, un nom célèbre, qu'il savait doser avec précision flatterie et plaisanterie, et faisait vibrer les cordes sensibles d'un pseudo-égalitarisme. Si son procès devient un débat sur la colère des Noirs américains et ses conséquences inévitables, un examen minutieux de son passé ne révélera aucun traumatisme durable directement attribuable à une manifestation précise du racisme blanc. Il serait ridicule, dans une affaire de double crime passionnel déclenché par une poussée d'adrénaline, de plaider les circonstances atténuantes en raison de l'oppression séculaire dont souffrent les Noirs. O.J. Simpson se retrouvera vraiment au-delà des barrières raciales quand les Noirs et les Blancs s'accorderont à ne voir en lui qu'un ringard foireux qui a peut-être assassiné deux innocents et laissé deux enfants noirs et blancs brisés pour le restant de leurs jours.

Bien sûr, la question ne se résoudra pas si facilement. Il s'agit là d'un gigantesque roman russe situé à Los Angeles, et qui dépasse de loin les visions les plus extrêmes présentant cette ville comme le gouffre sans fond de la dépravation. C'est une méditation infinie sur la célébrité, qui ne perdra de son attrait que le jour où quelqu'un de plus connu qu'O.J. Simpson sera accusé d'avoir assassiné deux personnes plus séduisantes que Nicole Brown Simpson et Ron Goldman d'une manière considérablement plus excessive. C'est une histoire racontée par mille voix différentes, l'un de ces récits microcosmiques, kaléidoscopiques, aux points de vue multiples, qui résument une époque et un lieu, avec des intrigues secondaires enchevêtrées qui durent indéfiniment. Ce roman grouille de personnages grotesques et d'anecdotes échevelées. Les créateurs multimédia de cette saga sont ravis de se retrouver après avoir connu une déception colossale : le scandale Michael Jackson s'est étiolé avant qu'ils aient eu le temps d'exploiter au maximum tout son potentiel de détails sordides, et de faire semblant de s'indigner du martyre des gosses sodomisés. À présent, ils ont planté leurs crocs dans l'affaire Simpson – ce sont des pitbulls dont le seul mot d'ordre est : toujours plus – et parmi les critères qui déterminent le contenu de leurs reportages, la vraisemblance et l'intensité dramatique l'emportent largement sur la véracité absolue. C'est ainsi qu'un indicateur de longue date, qui prétend savoir que les meurtres ont été commis par deux Blancs, voit ses propos relayés en fanfare par tous les médias du pays avant qu'on lui oppose un démenti tellement discret qu'il passe presque inaperçu. De même, A.C. Cowlings, faisant son numéro à un banquet de l'industrie du porno, part en campagne contre O.J. en proposant de « régler son compte à ce salopard sorti de sa brousse ». Ou encore, le mannequin Tiffany Starr, qui sanglote devant les caméras en évoquant ses deux rendez-vous d'amour avec Ron Goldman, laisse entendre qu'un type capable de sauter une pétasse pareille méritait amplement de se faire découper en rondelles. Ainsi, la liberté d'expression a permis une superproduction hybride, qui se situe quelque part entre un amalgame obscur de déclarations intempestives et une fable à la progression soigneusement élaborée. Les possibilités d'exploitation de l'affaire, couplées à la vogue grandissante de la télévision à scandales, ont provoqué un phénomène d'une importance considérable. Il serait déraisonnable de le censurer, ou de tenter de l'enrayer de quelque façon que ce soit. L'affaire Simpson est une œuvre collective d'art dramatique qui doit être jouée jusqu'à son dénouement avant qu'on puisse l'apprécier, la structurer, la démonter et la disséquer pour en tirer la signification morale. Il se pourrait très bien qu'elle se résume au problème de la divulgation de certaines informations, et à des questions d'éthique juridique. Elle pourrait aussi se terminer dans la réprobation générale, le public demandant aux journalistes d'être plus circonspects et de rester objectifs à tout prix. L'art de la fiction repose sur une pensée subjective. Les romanciers doivent adopter les points de vue de nombreux personnages différents. Il y a quelques mois, les avocats qui défendent Simpson se mirent à sa place, et ils comprirent que leur client jouait très mal son rôle d'innocent accusé à tort. Jamais O.J. ne s'était écrié : « Il faut coincer le salaud qui a tué ma femme ! » Les avocats de la défense bricolèrent une opération à retardement pour limiter les dégâts. Plongeant à leur tour dans ce gigantesque roman russe interactif, ils ouvrirent une ligne de téléphone à accès gratuit, destinée à récolter tous les renseignements en circulation. O.J. offrit une grosse récompense pour toute information menant à l'arrestation des véritables meurtriers, une somme qu'il pourrait encore avoir ou ne plus avoir quand ses avocats l'auront saigné à blanc. La police de Los Angeles quadrilla la zone entourant la maison de Nicole Simpson, à la recherche de témoins capables de confirmer ou d'infirmer la culpabilité d'O.J., et n'arriva à rien. Les avocats de la défense, désirant faire passer les policiers pour des racistes et des incompétents, lancèrent leur appel public – au cas où des témoins potentiels n'auraient pas remarqué les flics qui faisaient du porte à porte, ni la couverture dont bénéficiait le crime le plus médiatisé de tous les temps. Ce fut une manœuvre d'une immense maladresse – déficiente en ce qui concernait la logique de sa conception, et parfaitement cynique dans son application.

Depuis l'affaire Rodney King, la police de Los Angeles aime autant ne pas bousculer les Noirs célèbres. Faire tomber pour les deux meurtres un tueur blanc anonyme les rendrait fous de joie. Les avocats de Simpson connaissent très bien le passé tourmenté qui lie la police de Los Angeles aux habitants noirs de cette ville ; ils comprennent à la fois ses fondements historiques et le niveau de paranoïa, justifiée ou irrationnelle, qu'il a engendré. Ils ont mis en place un aimant qui va attirer la désinformation, la peur, et la folie pure – et certains des renseignements les plus présentables qu'ils recevront pourraient bien apparaître au procès pour ajouter à la confusion d'un jury déjà noyé sous un déluge de données. On exhortera donc les policiers à explorer des « pistes » dont ils savent qu'elles ne mènent nulle part, faute de quoi ils subiront le feu nourri des récriminations du tribunal. Cela ne servira qu'à rendre les faits encore un peu plus obscurs, à exciter les tensions raciales, et à entretenir le climat malsain de mauvaise entente générale entre les communautés. Les avocats de la défense s'imaginent peut-être qu'ils pourront vendre très cher les enregistrements des appels des mouchards. Quant à la police de Los Angelcs, elle regrette sans doute de ne pas avoir collé le double meurtre sur le dos d'un pervers quelconque. Si O.J. est coupable, il devrait invoquer son extrême fatigue comme circonstance atténuante. Ses deux mille trente-trois yards en une seule saison comptent pour des clopinettes comparés à ses cavalcades postfootballistiques.

Les honneurs de seconde zone et la recherche de plaisirs vains épuisent un homme. Tabasser des femmes est un sport de jeune. Le repentir réduit votre choix à deux solutions : changer de vie, ou y mettre fin. Changer de vie prend du temps. C'est plus long que de s'offrir quelques lignes de cocaïne ou une nouvelle maîtresse. Se suicider demande de l'imagination. Il faut être capable de se représenter la vie dans l'au-delà, ou des visions de repos éternel – à moins d'éprouver une douleur tellement intolérable que tout vous paraît préférable à votre souffrance. En guise de sortie, O.J. Simpson a préféré la fuite en avant des faibles. Il n'a pas eu la dignité ni le cran d'utiliser ses deux premières options.

Les Mauvais Garçons d'Hollywood

« Los Angeles : vous y venez en vacances, vous en repartez en liberté conditionnelle. »

La première fois que j'ai entendu cette boutade, c'était il y a vingt-cinq ans. Elle ne sortait pas de la bouche d'un universitaire ni d'un gourou des médias. Plutôt de celle d'un clodo ou d'un voisin de dortoir dans un camp de réhabilitation pour jeunes délinquants. Le type qui m'a rapporté ces fortes paroles les avait probablement entendues sur un vieux disque, un monologue comique de Mort Sahl ou de Lenny Bruce – avant de les faire passer pour un aphorisme personnel. C'est une formule à l'emporte-pièce qui est riche en implications historiques et en sous-entendus inquiétants. C'est un slogan touristique pour les branchés, les obsédés de la braguette et les parias.

Cette remarque laisse à entendre que L.A. est un champ magnétique, et que toutes les migrations qui convergent vers cette ville sont suspectes. Du même coup, votre simple désir de venir à L.A. est passible de poursuites, et fait de vous un opportuniste aux desseins sexuels inavouables. Cette boutade est un cliché et une prophétie. Elle vous prédit de brèves voluptés, suivies d'une désillusion et d'une déroute pénibles et interminables.

Vous pourrez vous réinventer en cours de route. Vous pourrez endosser l'identité de votre choix et miser sur les apparences, auxquelles vous donnerez mille fois plus d'importance qu'elles n'en ont dans votre ville d'origine. Vous pourrez y vivre dans une communauté dont tous les membres sont venus à L.A. pour changer de peau, vous pourrez envier ceux d'entre eux – peu nombreux – à qui cette métamorphose permet de s'enrichir au passage et qui vous prennent pour un minable. Vous pourrez rendre responsable de votre désillusion et de votre déroute la ville qui vous a hypnotisé, au lieu d'y voir la conséquence de votre propre échec.

Les gens vous comprendront, ils seront même disposés à compatir. Ils savent que L.A. est une ville colossale, corrompue et captivante, et qui possède le pouvoir inépuisable d'humilier ses visiteurs. Ce pouvoir s'accompagne, d'origine, d'une disposition qui autorise la fuite. Si vous n'arrivez pas à vous couler dans le moule, vous pouvez toujours, sans paraître vous apitoyer sur votre sort de façon inconvenante, vous réclamer de cette clause. Elle vous garantit le pardon grâce aux circonstances atténuantes, et fait de L.A. l'archétype de la ville inaccessible au pouvoir d'un seul individu. Elle est suffisamment crédible pour que vous n'ayez aucune raison de remettre en cause, a priori, votre désir de venir à L.A.

Los Angeles, j'y suis né. La migration, ce sont mes parents qui l'ont faite, m'épargnant la peine d'accomplir le trajet par mes propres moyens. Je possède certaines tendances propres à ceux que L.A. attire. C'est en migrant vers l'Est que je leur ai permis de s'exprimer. Je suis sûr que mes parents auraient compris cette décision.

Mon père est arrivé vers le milieu des années trente. Il était grand, séduisant, doté d'un *schvantz* gigantesque et d'un baratin qui ne manquait pas d'inspiration. Il avait gagné quelques médailles pendant la Première Guerre mondiale, et il embellissait ses exploits jusqu'à l'hyperbole. Il sautait sur toutes les femmes qui ne le repoussaient pas, et croyait fermement que celles qui le repoussaient étaient toutes lesbiennes. Il atterrit à L.A. avec une liasse de billets, des costumes du dernier chic, et commença à fréquenter le milieu du cinéma. Sa carrière d'étalon à Hollywood atteignit son point culminant vers la fin des années quarante. Il décrocha un emploi de secrétaire particulier de Rita Hayworth, et, paraît-il, tira profit de nombreuses embellies pour tringler Rita.

En décembre 1938, ma mère remporta un concours de beauté et prit l'avion pour L.A. Originaire du Wisconsin rural, elle avait 23 ans, elle était infirmière diplômée, et fraîchement couronnée « La Rousse la plus ravissante d'Amérique » par les produits de beauté Elmo. Elle visita L.A. en compagnie des autres lauréates, tout aussi ravissantes (une brune, une blonde, une à cheveux gris), elle tourna un bout d'essai dans un studio, et rentra en avion à Chicago pour y reprendre son travail, avec un chèque de 1 000 dollars en poche. L.A. trottait dans sa tête. Elle apprit qu'elle était enceinte, se fit avorter, et eut une hémorragie. Un médecin de sa connaissance la soigna. Elle ressentit le besoin de recommencer sa vie dans un cadre nouveau, plus sexy. Elle retourna à L.A. par le train, trouva une piaule et un boulot, et rencontra un connard qui était peut-être, ou peut-être pas, l'héritier de la famille Spalding – celle des équipements sportifs – et de sa fortune. Elle épousa le bonhomme et divorça quelques mois plus tard. En 40, elle rencontra mon père et se laissa séduire par son physique avantageux et son baratin bien rôdé. Mon père quitta sa femme et se mit en ménage avec ma mère. Ils se marièrent au bout de six ans de concubinage, sept mois avant ma naissance.

Ils me racontèrent des histoires, m'emmenèrent au cinéma, et m'encouragèrent à lire. Ils me gavèrent d'anecdotes. J'ai grandi à l'époque du film noir, à l'épicentre du film noir. Je lisais déjà les magazines *Confidential*, *Whisper* et *Lowdown* avant même de savoir monter à bicyclette. Mon père traitait Rita Hayworth de nymphomane. Ma mère dorlotait des vedettes de cinéma alcooliques. Mon père me désignait les miroirs sans tain du Hollywood Ranch Market, m'expliquant qu'ils servaient à surveiller les voleurs à l'étalage et à interrompre les rendez-vous entre homosexuels. Je vis *Plunder Road* et *L'Ultime Razzia*, et j'appris que des braquages parfaitement organisés tournent mal parce que les braqueurs audacieux sont des ratés suicidaires qui jouent leur rôle dans un combat perdu d'avance contre l'autorité.

Johnny Ray était un pédé. Lisbeth Scott une gouine. Tous les musiciens de jazz étaient des toxicos. À cause d'une pétasse blonde, une certaine Barbara Paynton, Tom Neal avait flanqué une raclée à Franchot Tone, le laissant à moitié mort sur le carreau. L'hôtel Algiers était un baisodrome de luxe. Depuis sa cellule de McNeill Island, un nabot malfaisant nommé Mickey Cohen dirigeait tous les rackets de L.A. En réalité, Rintintin était une chienne, et Lassie un mâle. Los Angeles était un pandémonium qui tournait en orbite autour d'une étoile obscure, aveuglé par la lueur crue des lampes de flash de la presse à scandales. Une personne sur trois était un voyeur, un rôdeur, un pédéraste, un micheton, un renifleur de petites culottes, une pute, un bouffeur d'amphétamines, un fumeur d'herbe, un maquereau. Les deux autres tiers de la population étaient uniquement constitués de culs serrés luttant contre leurs pulsions – qui les poussaient à rôder dans les rues, à coller l'œil aux trous de serrure, à fréquenter les putes, à s'adonner à la pédérastie, à avaler des pilules ou renifler des sous-vêtements. Cette autocensure massive provoqua une secousse sismique, qui fit pivoter L.A. de six degrés par rapport à l'axe de la terre.

À l'âge de neuf ans, j'ai vécu, à l'état embryonnaire, une expérience semblable. Je l'ai vécue parce que j'étais de L.A. et que mes parents m'abreuvaient d'histoires et de mensonges ; parce que je lisais des livres, que j'allais voir des films, et que je préférais les feuilles à scandale à l'évangile de l'église luthérienne ; je l'ai vécue parce que ma mère fut assassinée le 22 juin 58, et que son meurtrier n'a jamais été pris.

La mort de ma mère me déprava l'imagination et me conforta dans l'idée qu'il y avait en fait *deux* Los Angeles, qui coexistaient simultanément. Celui dans lequel je traînais, c'était le L.A. officiel, esthétiquement correct. Pour dresser une barrière qui me protégerait de l'ennui distillé par le L.A. officiel, j'invoquais le L.A. secret.

Dans le L.A. secret, tout tournait autour du SEXE. C'était le choc et l'émoi d'un gamin qui reçoit comme une grande claque cette vérité première : sa vie a commencé par une partie de baise. C'était le rire profane de mon père et son déconstructionnisme de feuilles à scandales, ces journaux qui rendaient les vedettes vulnérables et en quelque sorte plus accessibles. Ces gens-là, finalement, étaient modelés, gouvernés par des pulsions très ordinaires. Leur panache, leur physiquc avantageux les rendaient à la fois supérieurs et inférieurs à vous. Si, un certain soir, le vent tournait d'une certaine façon, qui sait si la chance ne les jetterait pas dans votre lit ?

Dans le L.A. secret, tout tournait autour du CRIME. C'était Stephen Nash et le môme qu'il avait lardé de coups de couteau sous la jetée de Santa Monica. C'était Harvey Glatman et les mannequins qu'il étranglait. C'était Johnny Stompanato poignardé par la fille de Lana Turner, deux mois avant la mort de ma mère.

Le 22 mai 1958, le CRIME s'unit au SEXE. Mon L.A. secret oblitéra le L.A. officiel.

Voilà trente neuf ans que j'y vis. J'ai reconstruit le L.A. des années cinquante dans ma tête et sur le papier. Je n'y suis pas venu en vacances, je n'en suis pas reparti en liberté conditionnelle. J'ai vécu dans le L.A. authentique, et j'ai rêvé mon propre L.A. privé. J'ai quitté le L.A. authentique depuis seize ans. Il m'était devenu, tout simplement, trop familier. J'ai quitté le L.A. secret depuis mon dernier livre, mon dernier récit. J'ai décidé, consciemment, de ne plus utiliser Los Angeles comme cadre de mes romans. Je l'avais mené aussi loin que je le pouvais.

Brutalement, je viens d'être ramené dans le L.A. de 1953. Un homme a fait un film, rétablissant du même coup la condamnation à perpétuité qui me lie à cette ville.

Curtis Hanson est condamné, lui aussi, à perpétuité. Dans son cas, la sentence est assortie d'une clause obligatoire d'assignation à résidence, et d'une permission d'absence pour raisons professionnelles. Sur son uniforme de détenu sont cousus dix chevrons, représentant chacun une tranche de cinq années de présence. Comme tous les gens de L.A. à qui ce genre de condamnation réussit, il possède une villa au bord de la mer. Il s'échappe de la ville pour faire des films, et il y revient rajeuni. C'est volontairement qu'il purge sa peine.

Il a tourné *American Teenagers* à Calexico, en Californie, et à Mexicali, au Mexique. Il a tourné *Faux Témoin* à Baltimore et *La Main sur le berceau* à Seattle. Il a fait *La Rivière sauvage* au Montana et dans l'Oregon, et *Bad Influence* dans le Los Angeles d'aujourd'hui. C'est le mythe de Faust réécrit pour cadres dynamiques et jeunes gens branchés, une symphonie où s'opposent les couleurs vives et les pastels baignés de smog. Il ne ressemble à aucun autre film ayant L.A. pour décor.

Les racines de Curtis Hanson se réclament, agressivement, de L.A. C'est un autochtone de la seconde génération. Son extrait de naissance porte le cachet de « Reno, Nevada ». Son père, Wilbur, travaillait là-bas dans une équipe gouvernementale de travaux publics lorsque Curtis est né.

Wilbur Hanson était objecteur de conscience. Il refusa de combattre pendant la Seconde Guerre mondiale, et passa son service civil obligatoire armé d'une pelle et d'une pioche. En 1946, la famille Hanson retourna s'installer à L.A. Curtis et son grand frère purent galoper dans leur grande maison à moitié délabrée, à l'angle de la 5e rue et de Hobart Boulevard. Leur mère louait les chambres inoccupées. Leur père enseignait à l'école militaire Harvard, et il arrondissait ses fins de mois en conduisant des gosses de riches à l'école.

Wilbur Hanson était un professeur doué et totalement dévoué à son travail. Il emmenait ses étudiants en sorties éducatives, et leur consacrait plus de temps qu'il n'en avait pour ses propres fils. L'école Harvard était une sorte de dépotoir de luxe pour les enfants de l'élite Hollywoodienne. Le fils de Darryl Zanuck y était inscrit. Le vieux Zanuck prit vite Wilbur Hanson en grippe. Il ne supportait pas qu'un enfoiré d'objecteur de conscience enseigne dans l'école de son fils. Zanuck ne manquait pas de relations haut placées ; il mit le paquet pour faire virer Wilbur Hanson de Harvard.

Wilbur Hanson encaissa le premier tir groupé

Anti-Rouge, mais il évita le second : il parvint à se faire agréer comme enseignant pour travailler dans le district scolaire de L.A. Son pacifisme militant et son statut officiel d'objecteur de conscience ne furent pas retenus contre lui. La famille alla s'installer dans la vallée de San Fernando. Wilbur Hanson commença à enseigner dans une école de Reseda.

Wilbur et Beverly June Hanson encouragèrent leurs fils à lire. Beverly June adorait le cinéma, et elle traînait Curtis et son frère à des matinées à prix réduit un peu partout dans la vallée. Curtis avait vu des douzaines de films noirs avant même de connaître le terme « film noir ». Chaque semaine, il regardait *Dragnet*, *M. Squad*, *The Lineup*, *Racket Squad* et *Mike Hammer* à la télévision. En classe, il s'ennuyait. Son vrai programme scolaire, c'étaient les films, les romans et les émissions de télé. Sa matière principale, c'était l'art de la narration. Sa matière secondaire, l'étude du crime.

Il écrivit une nouvelle intitulée *L'Homme qui voulait de l'argent*, et il la lut en classe devant ses camarades de CM2. L'instituteur vit dans l'histoire elle-même et, plus généralement, dans la fixation que faisait Curtis sur le crime quelque chose de perturbant, et il s'empressa de le cafter à ses parents.

Curtis vivait dans deux univers à la fois. Il y avait d'une part celui de la famille et de l'école, et d'autre part celui des films, des livres et de la télé. Quand il serait grand, pensait-il, il deviendrait scénariste et trouverait le moyen de fondre les deux univers en un seul.

Bientôt, Curtis apprit à connaître deux aspects

bien différents de L.A. Ce double aspect de la ville était lié à la dualité entre son père et son oncle Jack.

Wilbur Hanson était un instituteur dévoué au sens moral irréprochable et qui avait 1 dollar 98 sur son compte en banque. Jack Hanson était un marchand de fringues à la morale douteuse qui faisait de la lèche aux vedettes de cinéma et aux requins du showbiz.

Papa avait une baraque dans la vallée, Oncle Jack une grande villa à Beverly Hill. Papa passait le plus clair de son temps avec des écoliers. Oncle Jack frayait avec le Tout-Hollywood. Papa trimballait des gamins pour qu'ils profitent de sorties éducatives enrichissantes. Oncle Jack possédait Jax – la boutique la plus dans le vent, la plus sexy, la plus totalement géniale de Rodeo Drive.

Curtis passait la semaine dans la vallée et les week-ends à Beverly Hill. Oncle Jack adorait l'avoir chez lui pour qu'il tienne compagnie à son fils. Les deux mondes de Curtis alternaient au rythme de ses obligations scolaires, et ils étaient séparés par les collines de Hollywood. Oncle Jack lui donnait accès à un monde à l'intérieur de son propre monde. C'était celui des gens agressifs bien décidés à s'offrir tout ce dont ils avaient envie, sans se soucier du prix, et qui vivaient à cent à l'heure. Ce monde-à-l'intérieur-d'un-monde collait à merveille avec la fixation que faisait Curtis Hanson sur le crime. La fixation que faisait Oncle Jack sur le milieu du cinéma collait à merveille avec l'ambition de Curtis, qui voulait devenir metteur en scène quand il serait grand.

Jack Hanson était le film noir personnifié. À sa

façon de faire de la lèche auprès des gens de cinéma, on aurait cru qu'il sortait tout droit du film *Le Grand Couteau*. Il amassait son magot et payait ses employés le strict minimum. C'était sans doute le plus grand enfoiré qu'on ait jamais vu sur terre. Au milieu des années soixante, il ouvrit le *Daisy*. C'était le premier club de Beverly Hills exclusivement réservé à ses membres. Jack vendait des cartes d'adhérents aux personnages du showbiz les plus dans le vent ; grâce à sa boîte de nuit, il avait un moyen supplémentaire de faire de la lèche à ces gens-là pour s'immiscer un peu plus dans leur groupe.

Curtis observait. Mentalement, il prenait des notes. Il finit ses études et dégotta un boulot de grouillot à la revue *Cinema*. Il apportait les articles chez le typo, et les pellicules au labo photo. Le magazine commença à péricliter. Curtis persuada Oncle Jack de prendre à sa charge les frais de fonctionnement et de le laisser, lui, Curtis, faire tout le travail.

Et Curtis s'attela à la tâche. Il rédigea les articles critiques, les interviews de fond, il prit les photos. Il prit quelques portraits de Faye Dunaway, et reçut un billet d'avion en guise de rétribution. Il s'envola pour le Texas et assista au tournage de *Bonnie and Clyde*.

C'était à la fois un film historique et une histoire criminelle. Curtis Hanson en fit l'éloge dans *Cinema*. Visionnaire, il le qualifia de « film américain le plus excitant depuis des années ».

J'ai lu ce numéro de *Cinema* il y a trente ans. J'avais dix-neuf ans, et je carburais aux amphétamines et au gros rouge. Je m'introduisais par effraction dans des maisons d'un quartier chic de L.A. pour y voler des objets dont personne ne remarquerait la disparition. Je fauchais dans les magasins, je lisais des polars et j'allais au cinéma voir des films noirs.

Hanson me donna envie de voir *Bonnie and Clyde*. J'y allai, et le film m'emballa. J'avais volé l'argent qui me servit à payer mon billet.

Il y a un an, je me suis rendu à Lincoln Heights pour assister à une journée de tournage de *L.A. Confidential*. C'était la mi-août, le temps était humide et très chaud.

Une rue du nord-est de L.A. servait de doublure à une rue du sud de la ville. 1996 remplaçait 1953.

Des voitures d'époque étaient alignées le long du trottoir. Une douzaine de caravanes et de camions de matériel étaient garés juste hors du champ de la caméra. Massés près d'un buffet roulant, une vingtaine de techniciens et de grouillots bâfraient des biscuits et des barres glacées par quarante degrés à l'ombre.

Ce qui attirait le regard, c'était une maison en bois plutôt minable, réplique presque parfaite de celle que j'avais décrite dans mon roman. Je visualisai la scène que j'avais écrite en 1989.

En plein jour, au fond d'un jardin, un flic saute une barrière et grimpe un escalier extérieur. Il fait jouer le loquet d'une porte du premier étage et se glisse dans un appartement exigu. Il découvre une femme bâillonnée et attachée à un lit à l'aide de cravates. Il passe dans le salon, et il abat de sang-froid l'agresseur présumé de l'inconnue.

Mon flic s'appelait Bud White. C'était un colosse

aux cheveux gris en brosse, et qui boitait à cause d'une blessure contractée en jouant au football. Le Bud White du film est un acteur nommé Russell Crowe. Il est râblé, musclé, et ses cheveux bruns pratiquement coupés en brosse.

Je regardai Crowe bouffer une barre glacée en plaisantant avec des figurants en uniformes de flics. Les acteurs incarnant le lieutenant Ed Exley et le capitaine Dudley Smith se tenaient de l'autre côté de la rue. Mon Ed Exley était grand et blond. Guy Pearce, l'Exley du film, est un brun de taille moyenne. Mon Smith était corpulent et couperosé. James Cromwell, le Smith du film, est pâle et d'une taille impressionnante.

J'eus l'impression d'entrer dans un univers qui était à la fois un L.A. tout neuf et une superproduction multimédia. Les photos d'époque et les manchettes de la presse à scandale en formaient les frontières visuelles. La bande-son, c'étaient les répliques de mon roman prononcées par les acteurs qui m'entouraient. Le fantôme de ma mère se trouvait quelque part dans cette mosaïque. Elle mangeait du pop-corn à la cuillère, en fredonnant le tube que chantait Kay Starr en 1952, *The Wheel of Fortune*.

Je titubai, assommé par un coup de chaleur et le déferlement de mille images brèves de mon Los Angeles personnel. J'avais écrit *L.A. Confidential* comme une épopée élégiaque en l'honneur de ma ville natale. C'était un mélange de faits réels, de scandales plus ou moins colportés, d'insinuations qu'on chuchote. C'était le monde de l'horreur que j'avais entraperçu pour la première fois le jour où ma mère était morte.

C'était Mickey Cohen et son homme de main Johnny Stompanato. C'était le magazine *L'Indiscret*, mon ersatz de *Confidential*. C'étaient les chantages sexuels, les pervers inspirés par Stephen Nash et Harvey Glatman. C'était le scandale des brutalités policières du « Noël sanglant », et l'histoire tordue d'un parc d'attractions hypocritement travesti pour que le lecteur pense à Disneyland.

L.A. Confidential a été conçu et réalisé comme un roman à grande échelle. Il n'a pas été écrit en vue d'une adaptation cinématographique. Je ne m'attendais pas à ce qu'il me tende un traquenard six ans après sa parution.

J'ai lu le scénario. Les deux adaptateurs ont pris mon décor, mes personnages, une bonne partie de mes dialogues, et ils ont façonné *leur* Los Angeles, modelant un univers à l'intérieur des deux miens.

J'entrai dans la maison en bois. À présent, je pénétrais dans leur univers visuel. Je passai devant la chambre où la jeune femme allait être bâillonnée et attachée au lit avec les cravates. Dans le salon, je découvris Curtis Hanson qui préparait une prise.

En me voyant, il sourit et me demanda :

– Qu'est-ce que vous en pensez ?

– Ça me paraît bien vu, répondis-je.

Ce soir-là, j'ai dîné avec Hanson. Nous nous sommes retrouvés dans un établissement qui se trouvait être notre restaurant préféré à l'un comme à l'autre.

Le *Pacific Dining Car* est un grill de luxe à la lisière du centre ville. Il existe depuis 1921. La salle est obscure et lambrissée. C'est une capsule temporelle dans une ville qui n'est que capsules temporelles et continuums obscurs.

Quand Hanson était jeune, son oncle Jack l'amenait au *Car* pour lui offrir les steaks que son père n'avait pas les moyens de lui payer. Mon propre père m'avait invité au *Car* pour mon dixième anniversaire, en 1958. J'ai rencontré ma femme au *Car*. Un pasteur nous a mariés à quelques mètres de mon box favori.

Je pris place et j'étendis mes jambes. J'étais épuisé.

J'avais regardé Bud White tourner la scène de viol deux douzaines de fois. J'avais vu Hanson épurer et améliorer la séquence. Je me sentais atomisé. Je perdais la trace de tous les Los Angeles que je connaissais.

Hanson apparut quelques minutes plus tard. Un serveur nous apporta aussitôt à boire.

Nous parlâmes du tournage de la journée et des glissements thématiques entre mon roman et son film. Notre conversation reprit le chemin du L.A. des années cinquante et des recoins obscurs où nous avions fourré notre nez quand nous étions gosses.

– Il y a une boutade qui résume ça très bien, dis-je.

– Laquelle ? demanda Hanson.

– « Los Angeles : vous y venez en vacances, vous en repartez en liberté conditionnelle. »

Hanson rit et commenta :

– C'est bien vu.

Complot à Hollywood

Chaque endroit, chaque époque recèle des secrets qu'une seule personne peut révéler. L'Histoire est écrite par des charlatans qui ignorent le dessous des cartes.

L'histoire de Los Angeles n'est que mensonges et subterfuges. L'affabulation sans limites remplace les révélations. Personne n'a établi le lien entre tous les protagonistes, ni établi à quel moment la ville a été gagnée et perdue.

Le 23 mars 1954, j'ai tué un flic pourri et un voleur à main armée, et j'ai scellé le destin d'une grande ville.

1

Mon avion atterrit avec dix minutes d'avance. J'ai soudoyé une hôtesse pour qu'elle me laisse sortir le premier.

Je veux descendre en prenant tout mon temps. Je veux que les reporters remarquent bien mes galons et mes décorations.

L'avion roule jusqu'à la porte de débarquement. L'escalier s'arrime à la carlingue. Dans le couloir central, je me fraye un chemin jusqu'à l'avant. Une grosse religieuse me bouffe les coudes.

La porte coulisse.

Je sors, en plein soleil.

J'aperçois mon agent, Howard Wormser. Je repère deux journalistes et dénombre cinq pancartes brandies par des manifestants.

DICK CONTINO, ESPION ROUGE ; et DICK CONTINO, CITOYEN AMÉRICAIN. RETOURNE DANS TON PAYS, SALE TRAÎTRE ; et DICK, ON T'AIME ! Et puis une affiche qui me représente sur la chaise électrique. Je suis perché là-haut entre Ethel et Julius Rosenberg, récemment carbonisés.

Je fonce droit dans l'attroupement.

Howard m'agrippe le bras. Nous contournons une équipe de mécaniciens au sol et nous trouvons un endroit tranquille sous les hélices des moteurs de droite. La religieuse me hue. Trois mômes qui manifestent me lancent : « Déserteur ! »

Howard me serre contre lui. Ses mains se baladent derrière mon dos, jusqu'à mes fesses.

Je lui annonce :

– Il me faut une fille, Howard. Ça urge.

Howard retire ses grosses pattes. Je souris. L'hôtesse que j'ai soudoyée passe près de nous et m'envoie un baiser.

Howard est pédé. Un jour où il était bourré, il a plongé sur ma braguette. Quand je parle de nanas et de chattes, il reste sur ses rails. Ça nous sert de sémaphore sexuel.

Il me glisse un reçu, qui vient d'une boutique de prêteur sur gages.

– Il a fallu que je mette ton accordéon au clou. J'avais besoin de fric pour acheter de la gnôle. Pour le gueuleton qui va suivre ta prestation de serment. Dick, Dick, Dick, me regarde pas comme ça.

Mon rythme cardiaque devient atomique. Ma poitrine enfle. Une décoration jaillit de mes pectoraux.

Au clou ! Pris en otage ! Mon biniou bicolore, incrusté de perlouses et de faux diamants !

Les deux manifs s'affrontent. « Déserteur ! » d'un côté, « Vas-y, Dick ! » de l'autre : score nul, 15 partout. Howard met ses mains en entonnoir autour de mon oreille gauche.

– Dick, on sert pas autre chose que de l'alcool premier choix à Ward Bond et Adolphe Menjou. Ces gars-là sont prêts à jurer que t'es américain à 100 %. On peut pas leur faire avaler de la camelote de Prisunic.

Howard me donne un coup de langue baveuse dans l'oreille. Je me recule et je secoue la tête pour que ça s'évapore.

– Bond ? Menjou ? Ils viennent à la cérémonie ?

– Ouais. C'est un pote à moi qui a organisé ça. On a de la gnôle, la viande froide qui vient de la boucherie de ton vieux, et trente anciens combattants de l'American Legion à cinq dollars par tête.

Ma pression artérielle chute aussitôt.

– Je joue avec quoi ?

– Un accordéon que j'ai emprunté à un gosse du lycée de Belmont. Il faut que tu avales la pilule avec le sirop, Dick. Je lui ai promis trois leçons particulières en échange.

Deux journalistes traversent la rangée de manifestants et me font signe. Je les connais : Morty Bendish et Sid Hughes, du *Mirror* et du *Herald Express*.

Je m'approche d'eux. Howard rejoint les guignols de la manif. Il leur distribue des cendriers en forme d'accordéon. On les achète en gros dans un atelier clandestin de Pacoima qui fait trimer des mômes.

Sid Hughes me dit :

– Te voilà de retour, Dick. Tu as purgé ta peine, tu as servi en Corée. Et maintenant ?

Je lui sors mon baratin soigneusement préparé.

– Je vais tout de suite voir le Lieutenant Colonel Sam DeRienzo, au siège de l'American Legion à Glendale. Je vais signer de mon plein gré un serment d'allégeance qui fera de moi un Américain à 110 %. Je suis revenu pour dire au monde entier que je suis toujours capable de pomper mon piano à bretelles, et même mieux qu'avant.

Sid s'esclaffe et fredonne la fin de *Tico Tico*. Morty ajoute :

– Harry Truman t'a accordé le pardon présidentiel, et c'est une bonne chose. Mais tu as aussi reçu un soutien d'origine douteuse.

Je lui demande :

– Continue, ça m'intéresse. Ce que tu me dis là, c'est nouveau pour moi.

Morty consulte son calepin.

– Oscar Levant est passé au *Jukebox Jury*. Il a

déclaré : « Dick Contino a plus à redouter que la peur elle-même. Il a aussi son accordéon. »

Oscar, cette espèce de vieille carne. Oscar, la pipelette des cellules capitonnées.

La femme d'Oscar l'a fait interner à l'asile de dingues du Mont Sinaï. Son agent lui signe des bons de sortie pour qu'il participe à des émissions de télé locales. Michael Curtiz lui en signe d'autres pour des soirées culturelles, et l'emmène dans un hôtel minable voir des partouzes d'immigrés clandestins mexicains.

Je dis à Morty :

– Si c'est ça que tu appelles « recevoir du soutien », laisse-moi remonter dans l'avion. J'aimerais mieux combattre l'armée Rouge qu'affronter la langue de vipère d'Oscar.

Sid se marre. Morty feuillette son calepin.

– Il y a aussi un avocat de gauche, un certain L. Trent Woodard. Il a dit des trucs un peu raides sur les flics de L.A., et puis il a embrayé sur toi, te qualifiant de « vaillant jeune homme qui a eu le courage de reconnaître qu'il éprouvait une peur rationnelle et compréhensible, et de stigmatiser implicitement l'absurdité de la guerre de Corée ».

Ma pression artérielle remonte presto-prestissimo.

– Je suis américain à 100 %. Et Ward Bond et Adolphe Menjou s'en porteront garants.

Howard revient. Il me prend le bras et colle ses lèvres contre mon oreille.

– Dick, il faut qu'on s'en aille. Je t'ai trouvé un petit cacheton sur la route de Glendale.

– De quoi tu parles ?

– Tu vas donner la sérénade à une jeune fille.

Elle est dans un poumon d'acier à l'hôpital *Queen of Angels*.

*
* *

Howard m'emmène en ville. Je m'étends sur le siège arrière et je feuillette mes coupures de presse récentes.

CONTINO REVIENT DANS LE SUD était plutôt bien. Le journaliste montait en épingle le pardon présidentiel, et il mettait la pédale douce sur ma trouille de la guerre qui m'a coûté si cher. LE RETOUR DU ROI DE L'ACCORDÉON prenait un tour tragique. Le type racontait mon passage au radio crochet, le *Horace Heidt Show*. D'après lui, j'avais « remis l'accordéon au goût du jour », remporté le concours en « battant des groupes vocaux, un tromboniste noir et un vibraphoniste aveugle », et fait « exploser l'applaudimètre pendant 52 semaines d'affilée ». J'avais « 4 000 fans-clubs à travers tout le pays » et j'avais « presque été engagé pour jouer le rôle de Rudolph Valentino » dans un « grand film biographique romancé produit par la Fox ». Le pisse-copie laissait entendre que je tenais le monde entier au creux de ma main et que j'avais vu défiler plus de culs de nanas qu'un siège de toilette pour dames. C'était vraiment dommage que j'aie « laissé voir, de façon abjecte, une nature foncièrement craintive » et « tenté d'échapper, comme une mauviette, à la mobilisation pour la guerre de Corée », avant de m'enfuir, « terrifié, du camp d'entraînement de Fort Ord, Californie ». Dommage que j'aie « purgé, en tremblant comme une feuille, une peine de six mois au pénitencier de l'île McNeil » et « réintégré l'armée de façon douteuse dans la peau d'un repris de justice endurci ».

Le magazine *L'Indiscret* m'appelait « CONtino ». Il affirmait que, mon destin était « déterminé, dans la douleur et jusqu'au délire, par un démon dramatiquement débilitant et dommageable, que l'on dénomme la PEUR. » À côté de l'article, un encadré donnait la parole à Oscar Levant et à un charlatan quelconque qui dirigeait une clinique pour branques. D'après le toubib, c'était ma petite enfance qui expliquait tout : ma mère m'avait sevré trop tôt, et m'avait mis de force sur le pot. Oscar était d'avis que je devais laisser tomber ma boîte à punaises et pousser la romance comme une bonne douzaine de célèbres chanteurs de charme ritals.

À côté de l'encadré, il y a une photo : Oscar et moi au *Sanctuaire*. On plane à mille pieds, grâce à de la dope de luxe que j'ai achetée à Bob Mitchum. Oscar martèle du Prokoviev ; moi, j'interprète une chansonnette à mi-chemin entre Brahms et *Lady of Spain*.

Je feuillette le reste du torchon. Je repère quelques potins vicelards qui sentent leur Oscar à plein nez.

Au *Derby* de Vine Street, Johnny Ray a mis la main à la braguette d'un flic des Mœurs. La morale de l'histoire est du pur Oscar Levant : « C'est ce qui s'appelle avoir la police à sa pogne. » Elisabeth *Lesbos-Babeth* Scott fréquente un bordel saphique. James Dean, le marmonneur qui s'enflamme dès qu'on le frotte, est un masochiste surnommé « le cendrier humain ». George Burns aime le bois d'ébène ; on l'a repéré dans un motel de Blackville avec deux grandes gazelles du Congo.

Les gens font des confidences à Oscar. Ils le croient plus défoncé qu'il ne l'est et ils lui livrent en vrac tous leurs petits secrets honteux. Ils sous-estiment sa mémoire.

Oscar entend tout, se souvient de tout, et raconte tout. Les gens regardent Oscar, et ils voient leurs ragots salaces personnifiés et amplifiés. Ils surestiment sa compassion ; ils sous-estiment sa fourberie. Ils se précipitent en masse à l'asile psychiatrique. Ils viennent chercher Oscar, qui refourgue leurs racontars à Freddy Otash, un flic de L.A. Otash le paye en dope et transmet les infos directement à *L'Indiscret*.

Je passe en revue mes autres coupures de presse. Le nommé L. Trent Woodard plante ses griffes sous ma peau.

Dans le *L.A. Herald* du 19 décembre 1953 :

Woodard traite le préfet de police de L.A., William H. Parker, de « führer des forces de l'ordre ». Deux colonnes plus bas, il me compare à « l'agneau du sacrifice ».

Dans le *L.A. Times* du 1er janvier 1954 :

Woodard qualifie la police de L.A. de « force d'occupation ». Trois colonnes plus loin, je deviens une « victime de l'état policier ».

Dans le *L.A. Mirror* du 20 février 1954 :

Woodard proteste contre « les forces qui ont condamné Dick Contino ». Il descend en flammes la police de L.A. et le shérif du comté pour un vol à main armé qui a mal tourné.

Les flics de la ville et ceux du comté travaillaient de concert. Ils couvraient de tous les côtés un restaurant drive-in, le Scrivner, à l'angle d'Ivar et de Sunset Boulevard. Au bout de leurs flingues, ils tenaient quatre méchants Blacks.

L'un des poulets tire trop tôt. Six autres flics et les quatre braqueurs commencent à canarder. Trois des quatre Noirs et deux serveurs restent sur le carreau, morts.

La police de L.A. rejette la faute sur les hommes du shérif. Les flics du comté mettent en cause ceux de la ville. Le préfet Parker accuse le shérif Biscailuz. Biscailuz condamne Parker. L'un des braqueurs, Rudy « Playboy » Wells, arrive à s'esquiver. On met sa fuite sur le dos d'un flic de L.A., Cal Dinkins.

Trois photos illustrent l'article. Dinkins, les cheveux coupés en brosse, est gras à lard. Welles a la peau sombre et une grosse tête.

Ma photo à moi, elle vient des services anthropométriques. Je fais la grimace et j'ai des traces de larmes sur les joues.

Je balance les coupures sur le siège avant. Howard tourne la tête. Il lève les bras au ciel, lâche son volant ; un camion manque nous pulvériser.

– Bon sang, Dick ! Je les avais classées par ordre chronologique. Tu peux pas...

– Ce Woodward me met dans la merde jusqu'au cou. Il me fait passer pour un frère d'armes de la lutte ouvrière.

La voiture dérive vers la file qui vient à contresens. Howard agrippe le volant et nous ramène dans le droit chemin.

– On va trouver une solution. On va s'arranger pour que tu débines deux ou trois types de gauche. Ça fera remonter ta cote de popularité.

– Je connais pas de types de gauche.

Howard sourit.

– J'arrangerai ça. Il y a un gars, à la Metro... J'ai envie de le bousculer un peu.

***

Le poumon d'acier mesure un mètre quatre-vingts sur deux mètres quarante et pèse deux tonnes. La fille qui se trouve à l'intérieur est pâle et toute maigre.

Elle est enfoncée dans le machin dans le sens de la longueur. Sa tête dépasse du haut de l'appareil. Quand elle me voit, elle est tout émue. Ses larmes tombent sur le rebord de l'engin et s'évaporent en grésillant. Le poumon d'acier dégage deux fois plus de chaleur qu'un sèche-linge électrique.

Un gosse m'apporte mon accordéon d'emprunt.

Les touches se coincent. Les boutons restent collés. Le soufflet grince salement. La courroie m'arrache un furoncle dans le dos.

Le môme a amené la moitié de la section des instruments à vent de l'orchestre de son lycée. Le premier ténor, c'est une blonde mignonne à croquer. Elle virevolte autour de moi. Je demande à Howard de vérifier ses papiers et de noter la date où elle atteindra l'âge légal.

Howard m'avait promis des journalistes. Il a tenu parole. La presse adolescente est venue en force. Six journaux lycéens ont envoyé des scribes. La salle du poumon d'acier est pleine à craquer.

Je me harnache et je joue pour la petite malade. Je

me démanche le pelvis, je balance mes hanches, je me déboîte les articulations à angles droits. Je joue *La Danse du sabre, La Polka du tonneau de bière, Cerisiers roses et pommiers blancs.*

Je me pavane. Je me tortille. Je balance des gerbes de gouttes de sueur parfumées à l'*Old Spice*. Ma brillantine se liquéfie, ma banane s'effondre et me tombe devant les yeux. Je me penche en arrière pour la ressusciter. Je tiens à bout de bras mon biniou qui pèse 35 kg, et je joue, le dos en arc de cercle. Ma colonne vertébrale frémit, tremble, et tient bon. Les applaudissements éclipsent mon crescendo.

Je reprends une position normale. Je m'incline pour saluer la petite malade. Ses larmes crépitent sur le métal brûlant de la machine.

Howard me lance un regard :

Tire-toi pendant qu'ils sont sous le charme/Rien à foutre de ces mômes/Pas de *bis* et pas d'adieux.

Je me débarrasse de la boîte à clous et je prends la tangente vite fait. Une énorme ovation retentit derrière mon dos et me propulse à travers la porte. La saxo ténor me glisse une enveloppe. Dans le couloir, je l'ouvre et je lis ceci :

Cher Dick,

J'atteindrai l'âge nubile à 22 h 49 le jeudi 29 mars 1954, c'est-à-dire dans six jours. S'il te plaît, appelle-moi à 22 h 50 (Dunkirk 4-5882) pour me fixer un rendez-vous. Je suis sûre qu'on fera de la belle musique ensemble.

xxxxxxxxx!!!!!!

Linda Jane Sidwell (Contino ?)

Je sens quelque chose de lourd au fond de l'enveloppe. J'y jette un coup d'œil et je découvre un pétard maousse.

*
* *

On roule vers Glendale. Howard voulait fumer le pétard en route. J'ai dit non. Quand il fume, il pète les plombs. Je n'ai pas envie qu'il s'excite tout seul et qu'il bande comme un âne.

Je ferme les yeux et je rêvasse. Linda Jane Sidwell – à six jours de l'amour.

Je pourrais monter un orchestre et aller jouer à Las Vegas. Linda quitterait le lycée et jouerait du saxo pour moi. On mettrait au point un récital patriotique. On ferait du gringue aux chauvins professionnels. On commencerait par les bars, et on monterait vite en grade pour jouer dans les grands hôtels. Les parents de Linda me détesteraient. Je finirais par les amadouer, en leur payant une Cadillac et en les présentant à Sinatra.

Howard me pousse du coude.

– Réveille-toi. On est arrivés.

J'ouvre les yeux. On se gare devant le siège de l'American Legion.

– Merde, dit Howard.

Pas de banderoles. Pas de journalistes. Pas de Ward Bond, ni d'Adolphe Menjou, ni d'anciens combattants. Une table couverte de viande froide qui pourrit en plein soleil.

Je saute de la voiture. Un vieux bonhomme sort du bâtiment et rafle quelques choux au fromage.

Il me voit. Il s'affaisse. Il me dit :

– Dick, je suis navré.

Je renverse la table d'un coup de pied. Les délices du traiteur se répandent sur le trottoir. Deux chiens hument le fumet et bondissent d'une voiture qui passe.

L'ancien combattant répète :

– Dick, je suis navré.

Les chiens se bâfrent de salami et de fromage mûri au soleil.

Je demande :

– Qu'est-ce qui s'est passé ?

Le type ôte sa casquette de la Legion et s'en sert pour s'éponger le visage.

– Le « Duke », John Wayne, a appelé le commandant. Il lui a dit : « Lou, ça me fait mal au cœur de te demander ça, mais tu comprends la situation. Contino a payé sa dette ; seulement, ce salopard de Woodard, avec sa propagande rouge, est en train de foutre en l'air son image auprès du public. Ce n'est pas mon genre d'exercer des pressions, mais tu sais que j'achète toujours trois pages de ta revue à Noël. »

Je ferme les yeux. J'essaie d'effacer tout ça. Je vois John Wayne dans ma version corrigée de *Fort Apache*. Un peau-rouge le sodomise et lui arrache sa moumoute en guise de scalp.

Je rouvre les yeux. Les chiens s'attaquent à un *capocollo* de trois livres. Je demande :

– Où sont les bouteilles ? Je veux les rapporter pour me faire rembourser.

L'ancien combattant me désigne la porte.

– Ton copain a presque tout embarqué, et il a dit qu'il allait revenir prendre le reste.

– Quel copain ?

– Je ne sais pas. Il a dit que vous étiez copains, et que ça ne datait pas d'hier.

Je me précipite à l'intérieur du bâtiment. Je découvre tout ce dont j'ai été floué par la faute de Wayne et de Woodard.

Le pupitre drapé de rouge, de blanc et de bleu. Les sièges loués d'avance et les chapeaux patriotiques. Un drapeau accroché au mur, et un bidule pour faire défiler les cartons qui m'auraient soufflé les mots exacts de mon serment.

Je fonce vers l'arrière-salle. Je vois une pile, haute d'un mètre cinquante, de cartons vides qu'on a aplatis.

Johnnie Walker Black Label. Hennessy XO. Bourbon, Ballantine, rhum Bacardi.

Sur une étagère : une boîte de capotes et un pack de six bières Brew 102.

La porte du fond s'ouvre, pour laisser entrer Danny Getchell.

Le type de *L'Indiscret.*

Celui qui m'a traité de « crâneur craintif » et de « frappe frileuse ».

Qui a surnommé ma mère la « Madone maladroite » et mon père « le géniteur du gibier de potence ».

Je vois Danny. Danny me voit. Il s'empare des capotes et déguerpit.

Il traverse le parking et saute dans un coupé Mercedes. Je le poursuis. Il fait rugir le moteur. Il hurle :

– Contino le castré communiste court comme une casserole !

J'accélère. Je gagne du terrain. Danny passe la première et bondit hors de ma portée. Il braille :

– Pas de retour radieux pour le rouge repentant à la réunion ratée des républicains racoleurs !

Je fonce. Je me rapproche. Danny accélère, la voiture m'échappe. Il éructe :

– Desperado démoniaque dérobe doses démesurées de digestifs délectables ! Le raté riquiqui reste en rade !

Je bondis, je réduis la distance. Je contourne l'angle jusqu'à l'entrée et je sprinte.

Danny écrase le champignon, je ne le rattraperai plus. Je glisse sur une tranche de viande froide qui vient de chez mon père. Je me retrouve sur le bitume cul par-dessus tête et je bouffe des gaz d'échappement brûlants.

2

Howard refuse de me prêter du fric pour louer une piaule. Je m'installe dans l'abri antiaérien de mon père.

Je soigne mes coudes et mes genoux. J'enfile une chemise rayée et un pantalon. J'appelle le numéro de Linda Sidwell et je laisse un message à sa mère.

Dites à Linda de faire ses valises pour la prochaine explosion atomique. Faites-lui entendre le bruit de la déflagration. Dites-lui qu'on part à Hiroshima et qu'on va pulvériser la ville avec notre amour.

Je suis désespéré. J'arpente les rues solitaires de Merdeville. Les méchants m'aiment bien. Les bons ont peur de moi. La sérénade pour un poumon d'acier était l'apothéose de mon retour au bercail. Howard m'avait dit qu'on pourrait fourguer des leçons d'accordéon aux gosses venus m'écouter, et récupérer mon biniou chez le prêteur sur gages. Ce devait être la première étape de ma seconde ascension vers la gloire.

Je n'y crois plus. Je sens que l'une de mes Rages Post-Passives Patentées est sur le point de se déchaîner. Une fois tous les dix mille ans, j'explose littéralement. Toutes mes frustrations accumulées sortent d'un seul coup et je me défoule sur les objets qui m'entourent.

L'abri antiaérien sent le bac à chat. Au plafond, au-dessus de mon lit de camp, je scotche des photos de nanas à poil et je m'allonge pour me polir le chinois.

Je remarque deux enveloppes sur la table de nuit. C'est ma mère qui a dû les apporter. Elles sont en papier pur lin bleu pâle et sentent le parfum.

Je les ramasse, je les renifle. J'y vois mon nom et mon adresse. Les rabats sont tachés sur les bords. En prison, on décachette les lettres à la vapeur, on les lit, et on recolle les enveloppes. Ces deux-là ont l'air d'avoir subi le même traitement.

Les tampons sont du 18 et du 20 février 54. L'adresse de retour est celle d'une certaine Vivian Woodard, 348 South Muirfield Road, Los Angeles 4, Californie.

« Woodard », Vivian. Comme Woodard, L. Trent. Dans le quartier chic de Hancock Park.

J'ouvre les enveloppes. Je lis les lettres. Des passages enflammés me sautent aux yeux.

« Votre art est mineur et d'un goût douteux, mais vous jouez avec une conviction d'une sensualité stupéfiante. » ; « Mon mari admire votre combat et la façon brutale et déchirante dont vous avouez votre peur, et dans le même temps, il s'irrite du pouvoir que vous avez sur moi. » ; « On ne peut prétendre que l'on comprend cette société si on ne reconnaît pas en Dick Contino un symbole de candeur et de vulnérabilité transcendante. » ; « Je vous veux en moi. Je veux pivoter autour de l'axe où nos sexes s'uniront dans la moiteur et la tumescence. » ; « Votre musique est mon hymne. Votre semence est l'encre brûlante qui court dans mes veines et ma plume alors que j'écris ces mots. »

Oooooooooh, Daddy-o ! ! !

Je lis les lettres quatre fois. J'entoure les passages sexuels. Je scotche les lettres au plafond au-dessus de mon lit, pour faire un collage érotique.

Quelqu'un cogne à ma porte. Ma mère crie :

– Dick ! Oscar au téléphone !

*
* *

Oscar Levant m'annonce :

– Dick, t'es un schmuck. Et aussi un schmendrick, un schlemiel et un schlemazel [1].

Oscar est en rogne. Freddy Otash lui a réduit sa

1. En yiddish : un connard, une lopette, un gogo et un porte-poisse.

dose de dope. Oscar prétend que Freddy extorque la came à des *schvartze* qui jouent du jazz. Freddy ne veut pas qu'Oscar meure d'une overdose. *L'Indiscret* cesserait de séduire sans ses persiflages salaces mais sincères.

Je balance ma chaise en arrière. J'examine le foyer de l'hosto pour dingues. Oscar bascule sa chaise et suit mon regard.

La salle est bourrée de branques. Un infirmier fait déambuler un vieux bonhomme. Le vieux parle sans arrêt et bave dans une tasse.

Oscar m'informe :

– Papy, c'est un courtier de Wall Street. Il récite des comptines, mais il y glisse des tuyaux de première main pour jouer en bourse. L'infirmier, c'est le chien de garde de Freddy Otash. Il garde l'œil sur moi, il soutire des conseils à l'ancêtre, et il les refile à Freddy.

Gail Russell et Barbara Payton jouent aux dominos. Avec une lenteur saphique, Barbara fait remonter son pied droit le long de la jambe de sa partenaire. Gail lui donne une tape sur le pied.

Oscar commente :

– Elles sont alcoolos toutes les deux. Le patron de la Paramount les a menacées de les virer si elles se mettaient pas au régime sec. Barbara tourne toujours gouine, quand elle est en cure de désintoxication. Gail mouille pour Rock Hudson. Rock joue de la flûte baveuse avec un barman de chez Don. Le barman sniffe de l'héroïne et travaille au noir dans un bordel pour homos.

Près de nous, un fêlé se tortille les cheveux pour en

faire des nœuds en gribouillant sur un bloc-notes. Une douzaine de loufs font cercle autour de lui pour le regarder dessiner.

Oscar m'explique :

– Il est animateur dans l'émission de Webster Webfoot. À ses moments perdus, il fait des dessins animés porno et il les vend à Tijuana. Il se prend pour Webster Webfoot en personne. Sa femme vient une fois par semaine et lui jette du pop-corn à la figure.

Je me marre. L'infirmier me remarque et me détaille du regard. Oscar allume une cigarette et me souffle la fumée au visage.

Je lui fais remarquer :

– Toi, tu veux quelque chose. Je ne sais pas à quoi tu joues, mais tu as une idée derrière la tête.

Oscar forme des ronds concentriques.

– Je veux te remettre au goût du jour. Je veux relancer ta carrière, et je veux que tu cesses d'être un schmuck, un schmendrick, un schlemiel et un schlemazel.

– Qu'est-ce que tu as à y gagner ?

– Tu vas me sortir d'un mauvais pas, et pas plus tard que tout de suite. Tu vas m'emmener à Blackville et me dégotter ce dont j'ai besoin.

Oscar fonce tout droit vers Chocotte-City. Il ne lui a pas fallu plus de seize secondes pour griller sa sèche.

Il commence à trembloter, à palpiter. Ses yeux m'implorent. Je lui dis :

– On y va.

⁂

On roule vers le Sud, on fume le pétard de Linda. La vie s'écoule au ralenti. On est deux bebop-bwanas au cœur du continent noir. La Ford 1950 de mon vieux est une barge qui flotte sur le Styx.

Regarde-moi tous ces clubs de jazz ! Vise un peu cette mosquée drive-in ! T'as vu tous ces salons de coiffure pour te faire décrêper la tignasse ? Et ces tires surbaissées, trafiquées, repeintes en maronnasse bamboulasse très classe ?

On roule peinard dans Central Avenue. Une lune vaudou nous éclaire et nous montre le chemin. Oscar trouve du Rachmaninov à la radio. On descend les vitres pour en faire profiter notre monde en folie.

L'herbe décrispe Oscar. Il arrête de se tortiller et de m'agonir d'injures. Je mène la barge d'un seul doigt. Sous mes pieds, l'eau clapote.

Oscar m'indique :

– Le *Pharaon Club*. Ils ont un bain turc, et tous les toxicos à la page vont là-bas prendre une bonne suée avant de passer leur test à la Nalline [1]. Freddy O les braque et leur pique leur came.

Fini, le ralenti, ma vie s'accélère. Oscar a bousillé ma rêverie. Il parle comme un 45 tours qu'on passe en 78.

Je lui réponds tout doux, sans me presser.

– Freddy O, il est flic. Il peut se permettre ce genre d'embrouille en brandissant son insigne.

Oscar allume une cigarette et la réduit en cendres

1. Test imposé trois fois par semaine aux toxicomanes en liberté conditionnelle afin de détecter ceux qui continuaient à consommer de l'héroïne. On pouvait déjouer cet examen médical grâce à un bain de vapeur et à l'absorption de vin et d'amphétamines.

d'une seule bouffée. Il balance le mégot par la fenêtre et sort deux petites étoiles dorées.

Des jouets qui viennent d'une panoplie.

Avec les inscriptions « Shérif junior » en bas, « Brigade du casse-croûte » en haut.

Je cligne les yeux. Le Congo belge se dissout, redevient Blackville, L.A. Une bougalou bippe-bippe devant la bagnole. Je la rate d'un poil de chatte.

Oscar me bourre le mou :

– Tu ne peux pas refuser ça. L'occasion est trop belle. Tu ferais n'importe quoi pour prouver que tu n'es pas une lavette qui chie dans son froc.

Je m'étrangle. Je pique une suée. J'aperçois le *Pharaon Club* trois numéros plus loin et je me gare le long du trottoir.

Je porte un pantalon cigarette et une chemise de babalou bongo. Oscar est en pyjama sous sa chemise d'hôpital. Les jazz-fans, les julots et les junkies connaissent nos tronches. Oscar me lance :

– Le trouillard tremblant se tâte, tandis que...

Je bondis hors de la voiture. Oscar en sort aussi. Sur le trottoir, on se retrouve face à face, les poings levés. Oscar me passe mon insigne. Je concocte une entrée en matière et je pousse la porte du club.

On pénètre dans le tombeau du pharaon. Un grand *schvartze* en fringues égyptiennes se matérialise. Derrière lui, j'entrevois le décor.

Des murs tendus de crêpe noir. Des tables qui ressemblent à deux scarabées en plein 69. Une estrade ornée d'un Ramses II en relief qui brandit deux sceptres croisés. Un orchestre de jazz – tous les musiciens portent un fez – qui joue à fond pour un public entièrement sépia.

Au plafond, des jets de vapeur sortent des fissures. Le bain turc est au premier.

Le *schvartze* lorgne le pyjama d'Oscar.

– Vous voulez un lit, ou un bol de lait avec des biscuits ?

Oscar montre son insigne et rétorque :

– Va te faire foutre, Toutânkhamon.

Le *schvartze* se marre.

J'essaie de me rappeler mon entrée en matière. Je l'ai perdue en vol sur Air Marijuana. Je sors le premier truc qui me passe par la tête :

– Je m'appelle Joe Friday. Voici mon insigne.

Merde. Ça sort tout droit de *Dragnet*.

Le *schvartze* se bidonne. Il se penche en arrière et il hurle de rire. Sa chemise de cheikh se relève plus haut que son pantalon de cheikh. Coincée dans sa ceinture, il planque une matraque en queue de castor.

Oscar rafle la matraque et lui en flanque un coup sur le crâne. Le *schvartze* se cogne contre le mur et fait tomber sa licence pour la vente d'alcool. Je lui attrape la tête et Oscar lui refile un autre coup de matraque.

Le type crache des débris de dentier et un lambeau de langue. Oscar lui demande :

– Qui est-ce qui fournit, ici ? Qui a de la came pour mon organe ? De la poudreuse pour ma shooteuse ?

Le *schvartze* frémit et flageole. Je lui lâche la tête. Oscar la lui remonte avec sa matraque.

– Je t'ai demandé : « Qui est-ce qui fournit ? Qui a les beignets, le strudel, la choucroute ? »

Le *schvartze* bégaye, bafouille, et montre le premier étage. Il pétarade un chapelet de « P » et parvient à prononcer un nom, un seul : « Playboy. »

Vas-y, Oscar !

Le *schvartze* bafouille, bégaye, nous sort une nouvelle série de « P », et les mots : « S'il vous plaît, me frappez pas ! »

Je regarde Oscar. Oscar me regarde. On fonce à travers le *Pharaon Club*.

Les gens se marrent. Ils ricanent. Ils s'accroupissent ou plongent sous les tables. La chemise d'Oscar se gonfle. Elle accroche les dossiers de chaise et les assiettes de gaufres au poulet. Notre irruption déconcentre les musiciens. Ils perdent le tempo. *Bumble Boogie* dérape dans l'atonal.

On grimpe à toute allure l'escalier du fond. On ouvre d'un coup de pied une porte marquée *Privé*. Des visages noirs surgissent d'un nuage de vapeur, où flottent des relents de dope qui se dissipe. Oscar se gorge les poumons des effluves de came, et balance des coups de matraque à tout va.

Une tache sombre tourne au rouge et noir. Le sang gicle dans le brouillard. J'entends des os craquer. J'entends un type crier. Oscar hurle :

– Où est Playboy ?

Un Noir gueule : « Derrière le Club ! » Un autre : « Dans le parking ! » Un troisième : « Avec un Blanc ! »

On redescend à fond de train. On défonce la porte de sortie. La lune vaudou éclaire le parking. Je vois un Noir et un Blanc qui discutent près d'une Olds 49.

Ils nous tournent le dos. Je tapote le bras d'Oscar et lui fais signe de la boucler. Oscar hoche la tête et ne desserre plus les lèvres.

On s'approche sur la pointe des pieds. J'entends toute la conversation.

Le Blanc dit :

– T'étais pas censé faire de braquages. Ça faisait partie de notre accord.

– *Meeeerde*... fait le *schvartze*.

– Tu devais recruter des putes noires pour la soirée cinoche, et amener les nanas en bagnole chez Sybil Brand, et c'est tout ce qu'on te demandait de faire, bordel !

– J'ai pas aimé la façon dont ce taré de Harvey regardait ma grognasse.

– Il fait de mal à personne. Tout ce qui l'intéresse, c'est prendre des photos.

Oscar brandit son insigne et hurle :

– Bougez plus, connards !

Les deux types se retournent. Je les reconnais ; j'ai vu leurs photos dans le *Mirror-News*.

Cal Dinkins – un bourrin de la police de L.A. Rudy « Playboy » Wells – braqueur.

Dinkins rigole. Wells se bidonne. Je plante mes pieds dans le sol et je blinde mon sphincter en folie. Dinkins s'exclame :

– Nom de Dieu ! Oscar Levant et Dick Contino !

Oscar réagit :

– Non, on ressemble à ces deux connards, mais c'est tout. Ça fait partie de notre couverture. Aboule la came, Playboy.

Quand il entend son nom, Playboy a un déclic. Il

se tourne vers Dinkins. Son regard signifie : « Ils nous connaissent. » Dinkins lui ordonne :

– Tue-les.

Oscar sursaute et lâche sa matraque. Playboy sort un couteau et donne un coup de langue sur le fil de la lame. Des gouttes de sang tombent sur ses lèvres. Il les lèche et commence à glousser.

Je lui flanque un coup de pied dans les parties. Il se plie en deux. Je lui arrache le couteau des mains et le lui plante dans l'œil. Oscar ramasse sa matraque et déglingue les genoux de Dinkins.

Dinkins glapit. Playboy hurle. Je lui extirpe le couteau de l'œil et je tranche la gorge de Dinkins. La lame se bloque dans la trachée. Je la décoince et j'ouvre Dinkins en deux jusqu'au sternum.

Les deux types gargouillent. Ils crachent du sang. Ils tombent à genoux, secoués par une convulsion commack. Je les ramasse et les balance dans l'Olds 49. Oscar leur vide les poches.

Ils gargouillent. Ils crachent du sang. Ils gémissent. Je repère un bout de tuyau sur le siège, à côté d'eux. Il me vient une idée pour brouiller les cartes.

J'arrache le bouchon du réservoir et j'enfonce le tuyau dans l'ouverture. Je siphonne quinze centimètres d'essence. Asphyxiés, ils ont la bouche grande ouverte ; je leur recrache l'essence dans le gosier. Ils s'étranglent, ils s'étouffent. Ils cherchent de l'air, la gueule béante comme un gouffre.

Je rafle le pistolet qui pend à la ceinture de Dinkins. J'ôte le chargeur et je récupère les balles. J'en balance quatre dans le bouche de Dinkins et trois dans celle de Playboy. Pour terminer, je rajoute à chacun une allumette enflammée.

Les balles explosent. J'entends péter des plombages ; les dentistes ont travaillé pour rien. C'est la grande déglingue. Ils crachent des flammes. Ils crament les garnitures de la bagnole. L'Olds s'embrase comme Torcheville.

Oscar tremble et hoquète. Il allume une cigarette aux flammes de la voiture et la flingue en un tiers de taffe.

Je le ramasse, le jette sur mon épaule, et pars en courant.

3

Je me réveille. Je vois les pin-up et les lettres d'amour que j'ai collées au plafond.

Tous les événements me reviennent en mémoire. J'en pisse presque dans mon pyjama.

J'ai ramené Oscar à l'hosto. En cours de route, on a balancé par la portière le portefeuille de Playboy. J'ai gardé le carnet d'adresses de Cal Dinkins. Je voulais savoir qui il connaissait. Dans l'espoir de coller mes deux meurtres sur le dos d'un salopard quelconque.

J'ai la gueule de bois, à cause de la marie-jeanne et de mes exploits. J'ai compensé pour les hommes que je n'ai pas tués en Corée. À Séoul, les militaires m'avaient mis au rancart. Ils ne savaient pas qu'un lâche, avec la provocation idoine, est capable de faire un massacre.

J'ai peur.

Tout le mondc m'a vu au *Pharaon Club*. Tout le monde a vu Oscar. On l'a entendu ouvrir sa grande gueule, qu'il est incapable de fermer quand il est en manque. Les gens nous connaissent. Nous sommes des personnages publics – de seconde zone, mais publics quand même. Oscar joue du piano, et il a tenu des rôles de traîtres dans une douzaine de films qui repassent sans arrêt. Un client du *Pharaon Club* risquait de voir *Humoresque* et de cafter Oscar aux flics. Ma carrière pouvait décoller, rendant ma tronche familière à un million de gens. Je risquais de retomber du septième ciel tout droit dans la chambre à gaz.

Je contemple mon plafond. Je scrute les mots et les photos. Je m'attarde sur « Je vous veux » et sur une blonde qui a pris un coup de soleil.

Hier et aujourd'hui. La corde raide et le précipice.

Je descends de mon lit de camp. Je me prépare du café et je tripote le bouton de la radio. Je chope les informations du matin sur six stations différentes. Personne ne mentionne l'enfer du *Pharaon Club*.

J'épluche le carnet d'adresses. Je trouve un tas de noms inconnus classés par ordre alphabétique, et d'autres noms suivis de numéros inscrits à la fin du calepin.

Deux noms célèbres ; un nom familier ; un nom inconnu.

L'inconnu :

Harvey Glatman (HARVEY Réparateur tv, ho-49236). $ 2 000.

Le nom familier :

Johnny Stompanato, CR-28609. $ 4 000.

Johnny Stomp, ancien homme de main de Mickey Cohen.

J'ai connu Mickey en prison, à l'île McNeil. Il racontait que Johnny avait sauté Donna Reed et Rita Hayworth. Orson Welles avait filmé les ébats à travers un miroir sans tain, et les avait montrés dans une soirée privée au festival de Cannes.

Les noms célèbres :

Ida Lupino/CR-62211/$ 6 000. Steve Cochran/OL-65189/$ 6 000.

Ida Lupino : Mme Howard Duff. Vedette de l'écran et cinéaste. Steve Cochran : bellâtre de Séries B.

Je ressasse ces deux noms. Je récupère dans mes souvenirs deux bribes de la conversation entre Playboy et Dinkins :

« Tu devais recruter des putes noires pour la soirée cinoche. »

« J'ai pas aimé la façon dont ce taré de Harvey regardait ma grognasse. »

Dinkins : flic pourri. Playboy Wells : braqueur. Ils étaient de mèche dans l'affaire du drive-in. La « soirée cinoche », ce devait être autre chose.

Je cours jusqu'à la véranda de mes parents, et je récupère le *Herald*. Page deux : CAUCHEMAR AU NIGHT-CLUB.

Ils étiquettent les victimes Tartempion N° 1 et N° 2. Le *schvarze* décrit ses assaillants : « Des balèzes. Fallait qu'ils soient costauds pour me chercher des noises. » Page trois, il y a deux portraits au crayon. Ce n'est pas Oscar et moi que l'artiste a dessinés, mais deux Mexicanos avec des crânes en obus.

Je me marre. Je m'écroule de rire. J'esquisse trois pas de danse. On a piqué 2 000 dollars sur les cadavres. Avec ma part, je vais pouvoir récupérer mon biniou et louer un joli petit nid d'amour.

Un gros type sort de l'ombre. Il brandit un insigne, et il me masque mon beau rayon de soleil tout neuf. Il me dit :

– Espèce de pauvre con.

L'insigne n'est pas en toc. Le type est une montagne de muscles. Il exhibe un reçu de prêteur sur gages et me l'agite sous le nez. Il insiste :

– Espèce d'abruti.

Il porte une montre en or et un .45 plaqué or. Il porte des boutons de manchette en or, à monogramme. Les lettres « F.O. » m'apprennent qui il est.

Fred Otash – Big O, le caïd.

Je sursaute. Je tremble. J'ai une poussée de sueur glacée. Une camionnette s'engage dans l'allée. Sur les flancs, en grosses lettres : HARVEY, réparateur TV.

Un taré me regarde à travers le pare-brise. Il se cure les narines. Avec le reçu du prêteur, Otash me donne un petit coup sur l'arête du nez.

– Tu as laissé ça à côté de la voiture que tu as incendiée, et puis il y a l'infirmier du Mont Sinaï qui t'a vu embarquer Oscar. Il a prévenu Danny Getchell. Danny t'a filé le train jusqu'à Nègreville, et puis il a perdu ta trace. Il s'est dit que tu descendais là-bas pour te payer de la viande fumée, et il a pensé qu'il te coincerait peut-être à la sortie d'un bordel pour bamboulas.

Je tremble. Je claque des dents. Je hausse les épaules comme si je m'en foutais. Un gyrophare surgit du toit de la camionnette et se met à tourner. La voisine sort de chez elle pour ramasser son journal du matin. Le taré la reluque.

Je regarde Otash. Otash me regarde. Je comprends brutalement :

Il y a du coup monté dans l'air. C'est délibérément que les flics ont donné des faux noms à Wells et à Dinkins. J'en suis sûr, mais Otash ne sait pas que je m'en doute. Otash ne sait pas que je connais le nom de mes victimes. Des noms que je n'ai pas dits à Oscar. Il fallait que je les garde soigneusement pour moi, que je ne les révèle ni à Oscar, ni à Otash.

Otash bâille.

– Bon, on va régler ça avant le retour de tes vieux. D'abord, arrête de trembler, et raconte-moi la soirée d'hier.

Je lui livre une version condensée.

– Oscar Levant et moi, on a eu des ennuis au *Pharaon Club*. On essayait de trouver de la dope, et un Blanc et un Noir nous ont attaqués. Je les ai tués en état de légitime défense.

Otash sourit. Le taré sourit à son tour. Otash hoche la tête. Le taré enfonce un bouton sur son tableau de bord. Ma voix jaillit du gyrophare et couvre tout le quartier :

« Oscar Levant et moi, on a eu des ennuis au *Pharaon Club*. On essayait de trouver de la dope, et... »

Otash hoche la tête. Le taré appuie sur un bouton. Ma voix s'éteint.

Je flageole, je chancelle, mes jambes se dérobent sous moi. Je tombe en arrière et je heurte un poteau de la balustrade. Otash sort son flingue et m'épingle contre le poteau.

– Tu as pris quelque chose sur les macchabées ?

Je baratine à mort.

– On a sorti l'argent de leurs portefeuilles, et on a balancé les portefeuilles à travers une grille d'égout.

– Tu as trouvé un carnet d'adresses dans les poches du Blanc ?

– Non.

– Tu en es sûr ?

– Bien sûr que j'en suis sûr. Vous ne croyez quand même pas...

Otash me balance une baffe. Une grosse bague en or me ratisse le nez.

– Écoute bien ma question, compañero. Tu veux finir sur la chaise électrique ? Tu veux que je fasse craquer Oscar en lui supprimant ses doses, jusqu'à ce qu'il te lâche et qu'il corrobore tes aveux complets ? Ou bien tu veux sauter une dame d'âge mûr et te faire des amis dans la police de L.A. ?

Ma tête tourne dans six directions à la fois. Ma langue s'y reprend à six fois pour exprimer mon accord. Je bafouille. Je bégaye. Otash me gifle. Mon nez pisse le sang.

– Je vais considérer cette réponse comme un « oui » et je vais t'expliquer tout ça. *Primo*, les Fédéraux ont intercepté des lettres qu'une certaine dame de gauche t'a écrites, et ils nous en ont fait profiter. *Secundo*, le mari de la dame a fait des déclarations totalement inacceptables sur la police de L.A., et il doit être puni. Ton boulot, c'est de rencontrer la dame ce soir à une réception qui a lieu au Wilshire-Ebell, de la tringler jusqu'à ce qu'elle en perde la boule, et de l'amener à reconnaître que son mari, comme on l'en soupçonne, appartient à plusieurs organisations cryptocommunistes. Tu as compris ce qu'on attend de toi, compañero ?

Je réponds « oui ». Ma voix me paraît trop grave, suramplifiée. La camionnette la diffuse avec de l'écho.

Otash lance un regard furieux au taré. Le taré pousse un interrupteur. Ma voix s'éteint sur un dernier *wah-wah*.

Otash me tapote la poitrine avec son arme.

– Lui, c'est Harvey Glatman. Un génie, mais il aime trop s'amuser avec ses joujoux. Tu as rendez-vous avec lui, à sa boutique, à cinq heures trente. Il t'équipera pour ta mission.

La voisine ressort. Le taré la reluque de nouveau. Il commence à ahaner et couvre son pare-brise de buée.

Otash me gifle. Je goûte une fois de plus à sa bague en or.

– Continue d'avoir la trouille, Dick.

***

Il faut que je fasse comme si j'avais encore un avenir. Il faut que j'aille puiser dans la minuscule partie de mon âme étiquetée « le-spectacle-doit-continuer », et que j'en extraie une sorte d'orgueil désespéré qui pourrait passer pour du courage. Il faut que je m'extirpe du pétrin où je me suis fourré, et que je trouve le cran de faire payer L. Trent Woodard pour les saloperies qu'il m'a faites.

D'abord, je récupère mon accordéon. Ensuite,

j'appelle Linda et je lui fais un topo sur les méthodes contraceptives.

J'appelle Howard. Il m'apprend que je suis pestiféré. Aucun agent de spectacle, aucun directeur de tournée ne veut m'engager. Je suis contagieux. J'ai la gale. La chtouille. La vérole. L. Trent Woodard chante abondamment mes louanges dans le *Mirror* de ce matin. Il me passe de la pommade et il en rajoute une couche.

J'appelle Oscar au Mont Sinaï. Il m'a l'air complètement dans le cirage. Il n'a aucun souvenir du *Pharaon Club* ni de notre double homicide. Il s'imagine qu'on est allés en voiture à Tijuana, qu'on a vu une corrida, et qu'on a joué du Gershwin pour le taureau et un matador pédé. Et qu'on est revenus à L.A. à l'aube.

Je lui demande des tuyaux sur Fred O. Il me dit que Freddy dirige toute une équipe de mouchards qui travaillent pour *L'Indiscret.* Il garde pour lui les révélations trop explosives pour être publiées, et il a planqué des micros dans tous les bains turcs homos du réseau Inter-Lopes.

Freddy a vaincu les Japs à Manzanar. Freddy a tué des Japs à Saipan. Freddy a brisé la grève à l'usine Ford de Pico Rivera. Freddy a descendu un sbire de Mickey Cohen nommé Hooky Rothman. Jack Dragna lui a versé 10 000 dollars. Freddy a buté un sbire de Dragna. Mickey lui a versé 10 000 dollars.

Je glisse à Oscar quelques noms du carnet d'adresses. Oscar ne connaît pas Johnny Stomp ni Harvey le Taré. Il m'apprend que Steve Cochran a le plus gros *schvantz* d'Hollywood. Qu'Ida Lupino s'est fait désintoxiquer au Mont Sinaï l'an dernier. Freddy O la ravitaillait en douce en Turpenhydrate. Ida adore Freddy. Ida a peur de Freddy. Elle lui donne des tuyaux pour *L'Indiscret.* Ida et le Schvantz tournent un film en ce moment même – un nanar intitulé *Private Hell 36*.

Je raccroche et j'appelle un type à *Variety*. Il me dit que le tournage a lieu la nuit, à Duarte. Howard Duff partage l'affiche avec Ida et le Schvantz.

Je me rends en ville et je traîne à la bibliothèque centrale. Je consulte des vieilles coupures de presse, des récentes, et je fais défiler des microfilms. Je tombe sur des informations riches en sous-entendus.

Le braquage du drive-in a fait du bruit. Cal Dinkins s'est fait taper sur les doigts pour avoir laissé filer Playboy. Il avait quitté son poste d'observation au mauvais moment. Playboy en a profité pour forcer un barrage et se débiner.

Je trouve une photo de Dinkins avec l'acteur Jack Webb. Le *Times* dit qu'ils sont « très liés ». C'est Dinkins qui a montré à Webb comment jouer son rôle dans *Dragnet.*

Le *Times* ne parle que du braquage lui-même. Le *Herald* s'intéresse au contexte.

En théorie, la surveillance du drive-in était le fruit d'une collaboration secrète, entre les hommes de la police de L.A. et ceux du shérif du comté. Mais cette entente ne pesait pas lourd face à l'hostilité qui pourrissait les rapports entre les deux forces de police. Et qui ne datait pas d'hier.

Le bureau du shérif avait autorisé l'incursion de Mickey Cohen sur le Sunset Strip. La police de L.A.

haïssait Mickey. En juillet 1949, Mickey est tombé dans une embuscade sur le territoire du shérif. Il a encaissé deux plombs calibre 12 et s'est éclipsé. Son copain Neddie Herbert a pris une décharge de chevrotines en plein visage. L'affaire n'a jamais été élucidée. On a soupçonné la police de L.A. Le suspect N° 1 était l'officier Fred Otash.

Le préfet Parker déteste le shérif Biscailuz. Biscailuz déteste Parker. À présent, la police de la ville et celle du comté sont à couteaux tirés. Les instances de l'état de Californie sont sur le point de réviser le budget. Les deux forces de police demandent une augmentation. Chacune veut récupérer une partie du budget de l'autre. La police de L.A. a davantage d'argent, maintenant. Biscailuz réclame autant de fric que Parker, et même plus.

Je parcours un article sur Johnny Stompanato.

Johnny a obtenu une libération conditionnelle dans une affaire d'extorsion de fonds. Le *Herald* fait allusion à des ménagères en rut et à des photos compromettantes. Le procureur a refusé d'engager des poursuites.

Le *Herald* publie une photo. Johnny me ressemble. C'est une belle bête, dans le genre rital.

Je trouve un papier sur Viv et Trent Woodard. Viv écrit de la poésie. Viv emmène des enfants noirs au Civic Light Opera. Trent vit de ses rentes. Il engage des poursuites en justice pour des ivrognes ou des clodos tabassés par les flics de la ville.

Je tombe sur une photo de Viv. Elle fait la révérence dans une sorte de bal des débutantes. On est en 47. Elle est brune, élancée, et sa poitrine est plantureuse. Elle va à toute vitesse vers ses 45 ans.

La photo me titille les glandes. J'ai envie de l'arracher du microfilm et de la scotcher au plafond de mon abri antiaérien.

Je déniche un article sur *Private Hell 36*. Il y est dit que le Schvantz a perturbé le tournage par ses deux convocations au tribunal. Ce qui sous-entend quelques infractions mineures.

Je trouve une cabine téléphonique et j'appelle Oscar. Je lui parle de ce que j'ai découvert. Il me dit que le Schvantz a tabassé une pute et s'est fait choper en possession d'un gros sac d'herbe. C'est Ida Lupino qui l'a appris à Oscar. Elle a ajouté que le juge a accordé au Schvantz une peine avec sursis en échange d'un rôle dans son prochain film.

Ma tête bourdonne comme une abeille bourrée de benzédrine. Les noms du calepin tournent en rond en groupes compacts.

Je pressure Oscar. J'ai besoin de nouvelles révélations. Oscar me dit qu'il n'arrive pas à réfléchir. Les toubibs ont modifié la composition de son goutte-à-goutte quotidien.

Il demandait du Demerol. Ils lui ont donné du Dilantin. Oscar veut descendre à Blackville et dénicher du Dilaudid.

J'insiste un peu plus. Oscar me dit qu'il a parlé à Barbara Payton. Babs lui a révélé qu'elle couchait avec le Schvantz. Elle a précisé que le Schvantz atteignait les 32 centimètres.

***

Harvey Glatman me rase la poitrine et m'y fixe un micro avec du sparadrap. J'examine son atelier.

Des tubes télé balancés sur des chaises et sur un vieux canapé poussiéreux. Un meuble aux six étagères encombrées de diodes et d'instruments de mesure. Quatre murs couverts de pin-up pulpeuses et perverties.

Des femmes ligotées. Des femmes écartelées. Des femmes bâillonnées avec des poires d'angoisse. Des clichés chastes de Joi Lansing sur le tournage de *Dragnet*.

Je m'attarde sur Joi. Harvey s'en aperçoit.

– Elle vient de rompre avec Jack Webb. Il n'arrive pas à s'en remettre, il est fou d'elle. En ce moment, elle chante au Ciro's. Jack est assis au premier rang tous les soirs.

Cal Dinkins connaissait Jack Webb. Webb est le meilleur agent publicitaire de la police de L.A.

– C'est vous qui avez pris ces photos d'elle ?

Harvey tortille trois fils et me les colle au-dessus du sein gauche.

– J'étais le photographe de plateau de Jack.

Je commence à mieux cerner Harvey. Je fais le tour de ses photos pour voyeurs et de son attirail d'obsédés de petites culottes. Chez ce type, je renifle l'ancien escroc. Et le mouchard. Et le bouledogue enragé.

– Laissez-moi deviner. Jack a appris que vous aviez fait de la taule. Il vous a viré, et Freddy O vous a proposé de travailler pour lui.

Harvey reste de marbre.

– Vous devriez rester à l'écart des appareils électriques. Ça fait des parasites, le son devient mauvais.

J'insiste :

– Jack est au mieux avec le préfet Parker. J'ai appris que la police de L.A. vérifiait les antécédents de toute l'équipe de *Dragnet*, et je parierais qu'ils ont retrouvé votre casier judiciaire.

Harvey arrache un poil rebelle de ma poitrine. Je jape. Harvey passe un coup de crayon hémostatique sur la peau à vif.

– Je suis un génie patenté. Je sais retransmettre des images télé depuis n'importe quelle installation jusqu'à n'importe quel récepteur individuel. Ce qui veut dire que je ne suis pas obligé de subir vos insinuations.

Je regarde les photos des filles ligotées. Je remarque qu'elles portent des bracelets jaunes. Les pensionnaires de Sybil Brand portent des bracelets jaunes.

Cal Dinkins avait dit à Playboy :

« Recrute des putes noires pour la soirée cinoche » ; « Amène les nanas en bagnole chez Sybil Brand » ; « Tout ce qui l'intéresse, c'est prendre des photos. »

– Vous êtes tombé pour quoi, Harvey ? Viol collectif ? Escroquerie ? Exhibitionnisme ? Je parierais que vous...

Harry m'attrape une touffe de poils et me l'arrache de la poitrine. Je glapis. Harvey me conseille :

– Soyez gentil, Dick, foutez-moi la paix. N'oubliez pas que vous avez fait de la prison, vous aussi.

4

Ma poitrine rasée de près me démange. Le sparadrap qui m'entoure le thorax me brûle. Mon smoking sent la naphtaline.

Je me gare devant le Wilshire-Ebell. Près de la porte, je vois une pancarte : GALA DE LA FONDATION DE SŒUR KENNY. Dans une voiture garée en stationnement interdit, j'aperçois l'infirmier de l'asile de dingues et un malfrat comac.

J'entre dans l'hôtel. On me toise. Je montre mon invitation à l'hôtesse et je fonce tout droit vers le bar.

Je suis en avance. La salle de bal est presque vide. À une table, près du comptoir, deux religieuses et un prêtre descendent une bouteille de scotch. Les religieuses ont l'air à moitié bourrées. Elles me voient et se mettent à glousser.

Je commande un quadruple martini. Je demande au barman de me le servir dans un seau ou une gamelle pour chien. Il m'apporte un pichet et un verre et repart aussi sec.

Je bois. Je tourne le dos à la salle de bal, et je l'entends se remplir derrière moi. Au bar, des gens chuchotent : « C'est Dick Contino. »

Je garde le nez dans mon verre. L'alcool m'inspire des conversions et des reniements politiques. Je vire à gauche et je pourfends Joe McCarthy. Je vire à droite et j'envoie Alger Hiss griller sur la chaise électrique. Je libère les neuf accusés de Scottsboro, et je massacre Helen Gahagan Douglas à coups d'accordéon.

L'alcool rend lucide. L'alcool rend confus. Je me dis que je vais voir Viv et que je vais réagir à ses stimuli comme ce putain de chien de Pavlov.

J'entends une voix familière. Je la reconnais. Je jette un coup d'œil en biais, deux tabourets plus loin.

Gene Biscailuz retire une tranche de citron de son old-fashioned. L. Trent Woodard aspire la cerise de son manhattan.

J'ai repéré Woodard, mais il ne m'a pas vu. Je tends l'oreille.

Biscailuz parle de tout et de rien. La polio. Sœur Kenny. Bla, bla, bla. Woodard attaque :

– Shérif, parlons franchement. Vous ne pouvez pas laisser Bill Parker et les flics de la ville rafler tout ce fric. Vous ne pouvez pas...

Woodard m'aperçoit. Il laisse tomber le shérif au beau milieu de sa phrase et va s'asseoir deux sièges plus loin. Je me déplace jusqu'à l'autre extrémité du bar et me retrouve nez à nez avec lui.

– Pas de ça, mon joli. Je suis blanc, je sais manier une arme, et je n'aime pas vos tendances politiques. Vous ne pouvez pas démolir la police et parler de moi dans le même élan. Nos policiers sont le dernier rempart entre la liberté et la cinquième colonne.

Woodard en lâche son verre. En tombant de son tabouret, un prêtre renverse du whisky sur mes genoux. J'ai hurlé ma profession de foi. Mon micro de poitrine a dû capter la moindre syllabe.

Mon regard se soude à celui de Woodard. Les yeux dans les yeux, le duel s'engage ; c'est à celui qui tiendra le plus longtemps. Je renonce, et fonce dans la foule. Un petit bout de mon âme s'effrite et s'évanouit sans que je le lui demande.

Les gens me regardent passer. J'entends une douzaine de « Dick Contino ». Les smokings et les robes de taffetas virevoltent autour de moi. L'espace d'un quart de seconde, j'aperçois le préfet William H. Parker en uniforme d'apparat.

Je sors sur une terrasse bordée de palmiers. C'est un endroit privé et paisible. Je me dis que Viv finira bien par me trouver et qu'elle me tombera dessus.

Je m'appuie contre la rambarde et je regarde les voitures dévaler Wilshire Boulevard. Je commence à compter à partir de zéro. Elle se pointe à vingt-deux.

– Je pensais que vous m'enverriez au moins une photo dédicacée.

Je pivote impeccablement sur mes talons et me retrouve si près d'elle que je pourrais l'embrasser. Je lui dis :

– Je savais que vous seriez là.

Elle sourit. Son parfum ressemble à Tweed ou à Jungle Gardenia. Elle a quarante-neuf ou cinquante ans et les fait bien. Elle porte une robe noire moulante. Son sein droit est moitié plus gros que le gauche. Son décolleté penche en conséquence. Son mamelon droit est à demi visible. Il est sombre et grenelé par le froid et l'excitation.

J'ai envie de la sauter. Mon cœur fait une embardée vers la gauche.

– Comment saviez-vous que je viendrais ?

Freddy O m'a fait la leçon. Il m'a dit de citer la rubrique d'Harrison Carroll.

Je m'approche d'elle. Viv lève le bras et repousse les cheveux qui lui couvrent l'épaule droite. Je remarque une coupure de lame de rasoir sous son aisselle. Je lui réponds :

– J'ai lu un article sur le gala de sœur Kenny, et votre nom y était cité.

Viv recule d'un pas. Ses escarpins se prennent dans l'ourlet de sa robe longue. Elle trébuche, puis retrouve l'équilibre. Mon cœur bondit dans ma poitrine. J'aurais voulu qu'elle se retienne à moi.

Je regarde par-dessus son épaule. Son mari traverse la salle de bal. Il entoure un jeune homme de son bras.

– Est-ce que je peux vous dire, demande Viv, pourquoi j'ai été aussi directe avec vous ?

Je hoche la tête. J'enfonce mes mains dans mes poches. Je ne veux pas la toucher trop tôt. Elle poursuit :

– Pour commencer, j'ai réfléchi à notre différence d'âge, et j'ai décidé de prendre le risque que vous me trouviez trop vieille. Puis je me suis dit que vous pouviez vous sentir seul et vulnérable après tout ce temps passé en prison et en Corée. Ensuite, j'ai pensé que je vous devais quelque chose pour la façon inconsidérée dont mon mari a exprimé son admiration pour vous. Et puis il m'a semblé qu'un homme qui a fait preuve d'une telle franchise pour parler de sa peur apprécierait ma propre franchise, et ne verrait pas en moi une femme désespérée. Enfin, j'ai conclu que je ne devais plus tarder et passer à l'action avant que la ménopause me tombe dessus et que je perde tout intérêt pour le sexe.

Mon rythme cardiaque grimpe. Ma poitrine se gonfle. L'un des sparadraps de Glatman s'arrache brusquement. Viv ajoute :

– Dites quelque chose. J'avais préparé mon petit discours, et vous restez là à me regarder sans parler.

– Votre mari est dans la salle voisine.

– Il est homosexuel, et il désire que je sois avec vous.

– Quoi ?

– Vous êtes un artiste, alors, ne faites pas semblant de ne pas comprendre.

Je recule jusqu'à la rambarde. L. Trent Woodard passe devant l'encadrement de la porte et me fait un clin d'œil. Son giton m'envoie un baiser. Je lâche :

– Nom de Dieu de bordel de merde !

– Ne soyez pas si vulgaire, me dit Viv, et suivez-moi jusqu'à la maison. Je serai dans la Packard Caribbean.

***

Viv ouvre la voie. Je la suis. L'infirmier de l'asile de dingues et le malfrat comac nous filent le train.

On arrive en convoi au carrefour de Third Street et de Muirfield. L'infirmier et le malfrat se plantent dans mon pot d'échappement. Viv s'arrête devant chez elle. Elle me fait signe de m'engager dans l'allée et se gare derrière moi.

Elle bloque la bagnole de mon père. Elle ne veut pas que je déguerpisse.

La villa est adossée au Wilshire Country Club. Viv entre la première et allume quelques lumières. Le malfrat et l'infirmier disparaissent au bout du pâté de maisons.

La villa est grande, rose saumon, de style espagnol. Je m'approche de la porte d'entrée et regarde à travers l'imposte. Une vitre fumée obscurcit ma vue. Mon imagination imbibée d'alcool se déchaîne.

Je vois une salle d'interrogatoire et un commissaire du peuple en Russie communiste. Je vois ma mère enchaînée à un chevalet. Trent Woodard brandit un fer rougi au feu. Bon sang ! Il est en forme de faucille et de marteau.

Je cligne les yeux. Je vois une douzaine de vieilles femmes. Ce sont des douairières démoniaques et des succubes sevrées sexuellement. Elles convoitent ma semence. Elles dévoilent leur fri-fri fripé.

Viv est leur sirène et leur séide. Trent n'est pas capable de les satisfaire. Elles ont besoin de MOI.

Je cligne les yeux. Une voiture se range le long du trottoir. Quelqu'un chuchote :

– Appuie sur la sonnette, connard.

Je jappe et me ratatine. Je me retourne. Je vois l'infirmier pour dingues et le malfrat dans la malfrat-mobile.

Je sonne. Viv ouvre le vantail, et s'envolent mes visions de voyeur vissé au vasistas !

J'entre. Viv me tend un cocktail. Je le renifle. Pas de cantharide ni de somnifère. Le mélange m'a l'air honnête. Je le vide d'un trait et je bouffe l'olive.

Le salon est immense et de style gaucho-primitif chic.

Des affiches exaltant le travail manuel. Des tissus d'ameublement rehaussés de fil d'or. Des statues d'art brut aux verges volumineuses et aux pudenda en pointe.

Viv suit mon regard.

– Je suis éclectique. Et pour moi, les dieux de la fertilité ont un attrait particulier.

Je commente :

– Vous avez épousé une fiotte, alors vous devez avoir besoin d'inspiration.

Viv s'approche d'un buffet et se prépare un verre. Le mien m'envoie des messages contradictoires :

Baise-la/Ne la baise pas/Baise le coco plein aux as qui lui sert de mari. Baise les flics de L.A., fais-leur payer la façon dont ils t'ont baisé/Baise tout le monde et ne baise personne.

Viv rétorque :

– Vous ne devriez pas sous-estimer mon mari. Il a quelques alliés puissants.

– Je sais. Je l'ai vu parler au shérif Biscailuz.

Viv fait tomber une olive dans son verre.

– Gene est un ami, oui. Il a permis à Trent de ne pas être cité par la presse quand il...

– ... s'est fait ramasser dans un club de West Hollywood, pendant une rafle antipédés ?

Viv sourit.

– C'est ça. Gene a épargné à Trent de gros ennuis, et lui a permis de rendre de grands services.

– Qu'est-ce que vous voulez dire ?

– Que Trent est un bon avocat, et Gene n'est pas à ce point aveuglé par la haine des homosexuels qu'il ne puisse avoir recours à son talent.

– Dommage que les flics de L.A. ne partagent pas ce point de vue.

Viv boit une gorgée d'alcool.

– Oui et non. D'abord, Trent les hait trop pour travailler avec eux. Gene aussi les déteste, et Trent travaille à cet imbroglio budgétaire dans lequel sont plongées la police du comté et celle de la ville.

– Il y travaille en secret, vous voulez dire ?

– Effectivement. Gene ne veut pas que l'on sache que Trent travaille avec lui, et Trent veut à tout prix éviter que la police de L.A. apprenne son goût pour les jeunes gens. Il est persuadé que cette dernière cherche à le compromettre par n'importe quel moyen, et c'est pourquoi, bien sûr, il s'est montré fort discret.

Mon regard fait le tour de la pièce. Les affiches à la gloire des prolétaires sont montées dans des cadres en laque dorée.

– Est-ce que Trent est un vrai communiste ?

Viv s'esclaffe.

– Aucun être doté d'un cerveau et d'une âme n'est un vrai communiste.

– Et son appartenance à des groupes de gauche ?

– Par exemple ?

Je récite des noms fournis par Freddy O.

– Le Comité populaire pour les Philippines libres, le Fonds de défense pour la libération des Rosenberg, l'Alliance nationale pour la justice sociale, le...

Viv m'interrompt.

– On dirait que vous avez appris ces noms par cœur.

Je frémis. Mon micro de poitrine se déplace et se coince du côté gauche.

Viv ajoute :

– Arrêtez de faire une fixation sur mon mari. Faites-en plutôt une sur moi.

Je pique une rogne. Je deviens mauvais, comme si j'avais un goupillon dans le fion.

– À cause de votre mari, je ne trouve pas de boulot. Il a tellement dit de bien de moi que les gens nous mettent dans le même sac. Par sa faute, je me trimballe une putain de pancarte dans le dos. On me croit coupable de tous les crimes.

Viv hausse les épaules.

– Alors, œuvrez pour la justice sociale. Enseignez l'accordéon à des enfants noirs défavorisés, et je vous paierai ce que gagnent les vedettes à Las Vegas.

Ne perds pas ton sang-froid/Ne grimpe pas au cocotier/Ne...

– Franchement, Dick, il ne faut pas que vous en restiez aux quelques remarques maladroites que mon mari a faites sur votre compte. Remontez dans le temps jusqu'à la véritable source de vos ennuis, et tâchez de comprendre la situation dans son ensemble.

Je réussis à me calmer un peu.

– C'est-à-dire ?

– C'est-à-dire que mon mari est impliqué dans des opérations d'envergure.

– Par exemple ?

– Par exemple, une femme est venue voir Trent il y a peu. Trent n'a pas voulu me révéler son nom, mais il m'a dit qu'elle venait de rompre avec son amant, et qu'elle avait appris quelque chose au sujet d'un plan terriblement draconien de la police de L.A., destiné à instaurer des mesures véritablement fascistes, toutes en rapport avec la propagande télévisuelle. Vous comprenez, Dick, voilà le genre de problèmes dont s'occupe mon mari.

Ma peau me picote. Mes poils se hérissent. Son topo me tenaille et me travaille.

– Que vous a-t-il dit d'autre sur cette femme ?

– Que c'était une grande blonde plantureuse.

Mes synapses sautent et sabotent une connexion.

Joi Lansing est une grande blonde plantureuse. Harvey Glatman m'a dit qu'elle venait de larguer Jack Webb. Jack Webb : la mascotte des flics de L.A. Propagande télévisuelle. *Dragnet* : feuilleton à succès, et paratonnerre des relations publiques de la police.

Viv me demande :

– Dick, qu'y a-t-il ? Vous semblez préoccupé, tout à coup.

Je m'approche d'elle. Je me prépare un verre et je le vide pour me donner du courage. Lentement, Viv promène sa main sur ma joue.

– J'en ai assez de parler de mon mari, et je suis fatiguée de parler tout court. Laissez-moi faire un saut jusqu'à la salle de bains.

Je lui baise la main ; je crois reconnaître un parfum aussi musqué que Minuit mauresque de Matchabelli. Elle sourit et disparaît dans un petit cabinet de toilette près de la porte.

Je fonce jusqu'à la fenêtre. Je tire les rideaux. J'éteins une lampe derrière moi et je regarde au-dehors. Une brise s'engouffre dans la pièce. Je plisse les paupières et je tends l'oreille.

Deux voitures garées devant la maison. Un conciliabule au bord du trottoir. L'infirmier pour dingues et le malfrat. Danny Getchell et le gosse qui roucoulait avec Woodard au gala.

Ils fument, ils feuillettent un bouquin. Le malfrat demande :

– Qu'est-ce que c'est que ce truc ?

– Un putain de dictionnaire de synonymes, répond le gamin.

Danny lance :

– Le pédéraste des prétoires en pâmoison à la party paroissiale ! Le ploutocrate progressiste perd les pédales quand la police pince son partenaire préadulte !

Le môme commente :

– Pas mal. Mais n'oubliez pas : je veux cent dollars d'avance, et pas question que je passe à la casserole.

– Venez ici, Dick.

Je referme les rideaux. Je me retourne en prenant *tooooût* mon temps.

Viv la vamp en vaporeux peignoir pêche. Les broderies : bites en batterie, minous mignons, et farouches figures de la fertilité.

– Approchez, Dick.

Elle veut siphonner ma semence. La succube, c'est ELLE !

Je panique. Je ratisse mes poches à la recherche d'une gousse d'ail. Viv me saute dessus.

Elle arrache ma veste. Elle arrache ma chemise. Elle arrache le pack de piles plaqué sur mes pectoraux.

Elle s'arrête net. Mon microphone se détache et chute jusqu'à ma ceinture. Viv découvre les fils électriques et la débandade du sparadrap.

La succube s'époumone. Elle me taillade le torse et me savate les testicules.

Je lui immobilise les deux mains. Je lui balance une manchette. Elle la prend en plein sur la nuque et s'étale raide. Je pars en courant...

Je franchis la porte. L'infirmier pour dingues et le

malfrat contre-attaquent. Ils sautent dans leur bagnole et me bloquent la sortie.

Je cherche mes clefs de voiture. Elles ont disparu. Je les ai perdues en voulant trouver une gousse d'ail.

Quelqu'un me dit à voix basse :

– Retourne là-dedans et saute-la !

Danny Getchell chuchote :

– T'en va pas comme ça !

Quelqu'un d'autre :

– Taisez-vous ! Elle va nous entendre.

Je cours jusqu'à la Packard Caribbean. Les clés sont sur le contact. J'écrase l'accélérateur et je percute la voiture de mon père.

Elle part en vrille dans le jardin. Elle glisse sur l'herbe mouillée et plonge dans la piscine. Elle s'enfonce jusqu'aux pots d'échappement.

J'allume mes phares. Je découvre une barrière en treillage et un terrain de golf plongé dans le noir. J'accélère à fond, la barrière vole en éclats, et je pars en dérapage. La voiture chasse de l'arrière et décrit des 8 incontrôlables.

5

J'arrive à rejoindre le Strip. J'ai labouré neuf trous du parcours, et je laisse dans l'herbe, derrière moi, cinq kilomètres de traces de pneus.

La Packard est barbouillée de boue et couverte de taches vert gazon. Je la laisse au voiturier du Ciro's. J'entre dans le club et je capte trois mesures de *You Belong to Me.*

Les trémolos s'insinuent jusque dans le vestibule. Je passe dans le grand salon et j'enregistre toute la scène. Joi Lansing tient le public en otage. Cheveux blonds et paillettes teintées sous un projecteur puissant.

Je reste au fond et j'examine la salle de loin. Harvey Glatman se tient derrière des tentures qui masquent une sortie de secours. Il dévore la Lansing des yeux. Il a les mains pleines.

Il tient un petit appareil photo. Les tentures se gonflent et s'agitent à la hauteur de sa braguette. Harvey s'astique la colonne.

Je regarde à gauche. Je regarde à droite. La salle chavire au rythme d'une chanson d'amour. Jack Webb est assis au premier rang. Il pleure dans son whisky et jette des roses rouges sur la scène. Joi ne fait pas attention à lui. Deux lèche-bottes le consolent.

Ils sentent le flic à plein nez. La fine équipe devant chez les Woodard avait tout du commando de maîtres chanteurs. Je suis bien parti pour crucifier un coco. *L'Indiscret* a décidé de le couler en révélant qu'il est pédé. L'opération tout entière empeste le complot policier.

Joi susurre. Joi roucoule. Joi enflamme le cœur de Jack Webb et le jette aux orties.

Il est trop tôt pour que je la questionne. Je récupère la Packard et je fonce vers la vallée de San Gabriel.

***

Je trouve le lieu du tournage. J'assiste aux dernières scènes de *Private Hell 36*. Le film a *forcément* sa place dans cet imbroglio.

Ils tournent dans un parc à caravanes, dans un quartier minable de Duarte. Je me gare dans un terrain vague de l'autre côté de la route. Je trouve des jumelles sur le siège arrière et je fais le point au quart de poil. Les sunlights ajoutent du tonus à la scène que je scrute.

Les caravanes sont délabrées, mises au rancart sur plusieurs rangées. Il n'y a pas de crochets d'attelage, ni de voitures pour les tracter. Elles paraissent vides. Les techniciens se tiennent sur un bout de trottoir, vers la gauche. Ils semblent nerveux.

Ils se dispersent à minuit une. Ils s'en vont un par un dans des voitures individuelles. Ils laissent leurs projecteurs allumés. Deux personnes restent sur place et arpentent le trottoir.

Ida Lupino. Steve « le Schvantz » Cochran.

Ida fume et tête une flasque. Le Schvantz renifle des robes alignées sur un portant, devant une caravane numérotée 36.

J'attends. J'observe.

Minuit huit :

Une voiture arrive. Freddy O et Johnny Stompanato en descendent.

Ida roule un patin à Freddy. Johnny Stomp lance un regard mauvais au Schvantz. Stomp entre dans la caravane 36 et en ressort avec une petite caméra. Le Schvantz balance la caméra dans la voiture de Freddy O.

Minuit treize :

Une camionnette de la police arrive à son tour. En descendent six filles. Elles portent les bleus de travail de la pénitentiaire. Le chauffeur descend ; il est en uniforme de la police de L.A.

Les filles se précipitent sur les robes. Elles s'engouffrent dans la caravane 36. Elles ressortent habillées en vamps super sexy. Le Schvantz se lèche les babines.

Minuit vingt-six :

Les filles remontent dans la camionnette. Ida et le Schvantz sautent dans la voiture de Freddy O. Johnny Stomp et Freddy les rejoignent. Le flic en uniforme éteint les projecteurs et les attache au toit de la camionnette.

Minuit trente-quatre :

La voiture démarre. La camionnette aussi. Je les suis.

On roule vers l'est pendant trois blocs. La voiture et la camionnette s'arrêtent devant un motel. Je me gare dans un parking vide cinquante mètres plus loin.

Le *Larkcrest Motel.* Abandonné. Une lampe s'allume dans l'une des chambres. Une longue enfilade de portes et de fenêtres obscures.

Je prends mes jumelles. Je me glisse dans la cour du motel. Je surveille la scène, de si près que j'en attrape une suée.

Minuit quarante-six :

Les filles entrent dans la chambre où il y a de la lumière. Le flic apporte la caméra et les projecteurs. Ida et le Schvantz vont dans la chambre à leur tour.

Minuit cinquante :

Johnny Stomp longe la façade. Il ouvre la porte et allume la lumière d'une chambre sur deux.

À présent, six chambres sont éclairées. Les six autres restent dans le noir.

Minuit cinquante-neuf :

Freddy O sort une caisse de sa voiture. Il fait le tour des six chambres éclairées. Il laisse une bouteille d'alcool et deux gobelets en carton sur chaque couvre-lit bleu. Il referme les portes derrière lui.

Je commence à me faire une idée de ce qui se prépare. En couleurs et en VICE-ta-vision.

Le flic remonte dans sa camionnette. Je me faufile jusqu'à l'autre bout de la cour. Je m'accroupis et j'entre dans une chambre non éclairée, du côté où il ne peut pas me voir.

L'espace d'un éclair, j'allume la lumière. J'éteins aussitôt. J'ai eu le temps de repérer un miroir sans tain encastré dans le mur. Je tâtonne dans le noir et me cogne contre une porte.

Je l'ouvre. Je pénètre dans une chambre d'amour tout éclairée. Le miroir sans tain surplombe le lit. J'arrache de ma poitrine le micro, les piles et l'enregistreur, et je colle le tout sous le matelas.

Sans me presser, je regagne discrètement le parking vide. J'empoigne mes jumelles. J'attends. Je surveille. Je parcours patiemment le patio des prunelles. J'écoute les grognements et les gémissements qui proviennent de la chambre d'Ida Lupino.

Une heure trente-six du matin :

La porte d'Ida s'ouvre. Johnny Stomp sort de la chambre. L'espace de deux secondes, j'ai une vision orgiaque :

Ida filme en plan serré. Une blonde s'enfourne le Schvantz jusqu'aux amygdales.

Il est monté comme un cheval. On dirait un ananas coincé dans un taille-crayon géant.

Stompanato referme la porte et allume une cigarette. J'attends. Je surveille. Je parcours patiemment le patio des prunelles.

Deux heures huit :

Six voitures arrivent. Six hommes d'âge mûr en descendent. Ils arborent des sourires satisfaits et des pistolets. Ils s'exclament. Ils exultent. Johnny Stomp les accueille.

Je braque mes jumelles sur leurs voitures. Je fais le point sur les plaques d'immatriculation et mémorise les numéros.

Je cours jusqu'à la Packard. Je m'arrache. J'entends Ida crier : « Coupez ! C'est bon ! »

***

Trois heures vingt-six :

Je glisse la Packard dans la ruelle, derrière le Ciro's. J'y trouve Joi Lansing.

Elle porte une tenue de girl-scout. Elle balance des roses rouges à la poubelle.

Elle cligne les yeux dans la lumière de mes phares. Je les mets en veilleuse. Elle proteste :

– Vraiment, Jack !

Je sors de la voiture. Une lampe de poche m'épingle. Joi s'exclame :

– Bon sang, Dick Contino !

Je ne sais pas quoi dire. Je fredonne trois mesures de *Lady of Spain*.

Joi s'esclaffe.

– Je ne sais pas ce que vous faites ici, mais au moins, je suis sûre que ce n'est pas Jack qui vous a envoyé.

Je m'appuie contre la poubelle. Joi éteint sa lampe. Une lune tardive jette sur la ruelle une lueur langoureuse.

– Comment savez-vous que ce n'est pas Jack qui m'envoie ?

– Le Sergent Joe Friday et *vous* ?

Je ris.

– Vous ne m'avez pas demandé ce que je faisais ici.

Joi allume une cigarette et m'examine.

– Vous portez un smoking, et vous avez l'air d'avoir rampé dans la boue. Votre chemise est déboutonnée, et on dirait que vous vous êtes rasé la poitrine. Ce que vous faites ici, je n'en ai pas la moindre idée. Et du moment que ce n'est pas Jack qui vous envoie, je me moque bien de le savoir.

Je ris. Je tousse pour chasser un nuage de fumée sorti de la bouche de Joi, et je lui lance une petite pique :

– Il paraît que Jake et vous avez rompu. Je crois que j'ai lu ça dans *L'Indiscret.*

Pif-paf-boum-bingo :

Joi ouvre des yeux comme des soucoupes. Elle suffoque, asphyxiée par sa bouffée de Chesterfield.

Je la laisse tousser le temps de reprendre ses esprits. Elle se rebiffe :

– Quand c'est fini, c'est fini. Jack ne voulait pas se marier ni avoir de gosses, contrairement à moi. D'ailleurs, si je n'en voulais pas, je ne jouerais pas les cheftaines à Boyle Heights avec une bande de marmots mexicains. Mon Dieu, mais regardez-moi cette tenue !

Je balance ma pique numéro deux :

– La politique n'a rien à voir là-dedans ?

Joi jette sa cigarette et l'écrase du pied.

– Je suis actrice, danseuse de revue, et je chante à l'occasion. Je m'intéresse à la politique à peu près autant que vous.

– Je pourrais vous étonner.

– Essayez toujours.

– Qu'est-ce que vous dites de ça : l'année dernière, vous êtes allée consulter Trent Woodard. Vous lui avez dit que vous possédiez des renseignements, de source autorisée, sur un complot de la police de L.A. destiné à diffuser de la propagande à la télévision. Je parie que Jack Webb était dans le coup, je parie aussi que vous avez eu des remords et que vous avez décidé de laisser tomber toute l'affaire. Et ça ne m'étonnerait pas que, sans votre aide, Woodard ne soit plus en mesure de révéler quoi que ce soit dudit complot.

Joi s'étonne :

– Eh bien, dites-moi, Monsieur l'Accordéoniste...

Elle a prononcé ces mots dans un souffle, sur un ton très confidence pour confidence.

Je lui demande :

– Alors, j'ai vu juste ?

Joi allume une nouvelle cigarette et chasse les cendres tombées sur son foulard de scout.

– J'ai mis la main sur une série de scripts, des épisodes de *Dragnet* que Jack et le préfet Parker ont écrits ensemble. Ils faisaient tenir à Joe Friday des discours sur la nécessité pour la police de ramasser tous les clochards de Los Angeles, de les déporter à Cuba de manière définitive, sur l'intérêt qu'il y aurait à construire des prisons et des camps de travail destinés aux insolvables, afin de débarrasser les rues de tous les parasites. J'ai dit à Jack : « Bill Parker et toi, vous ne pouvez pas songer sérieusement à proposer des histoires aussi tordues », et Jack m'a répondu : « Ça n'a rien de tordu, et nous tournerons ces scénarios quand le moment sera venu. »

Les pièces du puzzle prennent leur place.

– Jack sait-il que vous avez consulté Woodard ? Sait-il que c'est à cause de ces monstruosités que vous avez décidé de le quitter ?

Joi secoue la tête.

– Non. Il pense que c'est la question du mariage qui a envenimé les choses. Mais, attendez, il y a pire.

Je renifle l'odeur des roses rouges de Jack Webb. Joi referme la poubelle et emprisonne les effluves.

– À plusieurs reprises, j'ai entendu Jack et Parker discuter. Leur projet, c'était de tourner les scénarios et de les diffuser dans la série *Dragnet*, pour préparer le public. Ensuite, ils lanceraient une pétition pour déporter les sans-abri et construire les prisons et les camps de travail pour insolvables. Maintenant, écoutez ça : Jack et Freddy Otash possèdent en sous-main une grosse entreprise de construction, et Parker est au mieux avec le dictateur cubain Fulgencio Batista. Le plan, pour la police de L.A., c'était de vendre les clochards à Batista, pour qu'il les utilise comme esclaves dans ses champs de cannes à sucre, et l'entreprise de Jack raflerait les contrats pour construire les prisons et les camps de travail. Une fois qu'ils seraient construits, les détenus y fabriqueraient les décors de tous les films que Jack voudrait tourner. Le seul détail qui les empêchait de se lancer, c'était le capital de départ. Il leur fallait ramasser rapidement quelques millions pour mettre le projet sur pied.

De nouvelles pièces prennent leur place. Je fais remarquer à Joi :

– En ce moment même, la police de la ville est en bisbille avec celle du comté pour une question de budget. Parker a envie de le rafler, ce capital.

Joi frissonne.

– William H. Parker, c'est le diable en personne.

J'ajoute :

– C'est Freddy O qui tire toutes les ficelles.

– Tout à fait. Il a un énorme dossier, rassemblant les scandales dans lesquels sont mouillés tous les ennemis de Parker et de la police de L.A. Et puis il y a ce taré, ce pervers de Harvey qui travaille pour lui, qui planque des micros et qui se branche sur les lignes téléphoniques. Harvey fait une fixation malsaine sur moi. Il me suivait partout sur le plateau quand j'allais voir Jack tourner.

Les pièces du puzzle prennent PROMPTEMENT leur place...

– Et Cal Dinkins était... Je veux dire, Dinkins est très lié à Jack et Freddy ?

– Oui. Dick, comment savez-vous tous ces... ?

– Et ce dossier explosif aux mains de la police, c'est un peu la même chose que les archives secrètes de *L'Indiscret* que Freddy O est censé posséder ?

– Oui, c'est un seul et même dossier, en fait. Parker et Otash décident ensemble qui doit être éclaboussé, et tout ça est tellement moche que j'aimerais mieux ne rien savoir du tout, et... et... et...

Joi se tait, à bout de souffle, et allume une autre cigarette. Je lui dis :

– J'ai besoin d'un magnétophone, et de tuyaux sur quelques numéros d'immatriculation.

Joi se met à crachoter comme le haut-parleur d'une voiture de police. Elle me chuinte un chapelet d'articles du code pénal, façon *Dragnet*.

– Je sais comment obtenir ce genre de renseignements. Jack me l'a appris. Et j'ai un magnéto dans ma loge.

J'extirpe un stylo de ma poche. Joi sort un bout de papier de sa jupe de scout. Elle se penche en avant. Je prends appui sur son dos et je griffonne mes numéros.

Elle rentre au club en courant. Je hulule à la lune qui luit large et lumineuse.

Les pièces du puzzle prennent PASSIONNÉMENT leur place. Une blonde bellissime se bat pour me secourir et me sauver.

Joi ressurgit dans la ruelle. Elle me tend un magnétophone et une feuille de calepin.

– J'ai les renseignements sur les véhicules, et j'ai vérifié aussi les professions des propriétaires. Les six voitures en question appartiennent toutes à des policiers du comté de L.A., des hommes du shérif Biscailuz.

Je hulule à la lune. Je saisis Joi aux épaules et je l'embrasse. Elle me rend mon baiser avec fougue. Sa langue a un goût de tabac et de vermouth.

Nous nous séparons. Joi me déclare :
– Continuez à jouer les crétins risque-tout. C'est le genre d'homme que j'adore.

*
* *

Je retourne en voiture à Duarte. J'atteins le *Larkcrest Motel* à cinq heures trente-trois du matin. L'endroit est désert et il y règne un silence de mort.

J'entre dans le nid d'amour N° 9 et j'arrache l'enregistreur de sous le matelas. J'ôte la bobine de l'appareil et je l'installe sur le magnétophone de Joi Lansing.

Je m'assois sur le lit. J'enfonce le bouton Lecture. J'entends des échos du gala au Wilshire-Ebell et ma bagarre avec la succube. J'entends le souffle de la bande magnétique, les ahanements d'une partie de cul, un orgasme masculin bien réel, et un orgasme féminin simulé.

J'entends une conversation :

Voix d'homme :

– Mon chou, c'était vraiment quelque chose... Nom de Dieu.

Voix de femme :

– Je me rends compte que ça ne t'était pas arrivé depuis longtemps.

Voix d'homme :

– Ouais, enfin... Ma bourgeoise, c'est ma bourgeoise, mais je suppose que ça ne compte pas.

Voix de femme :

– Écoute, pour moi aussi, ça faisait un bail. Il y a un moment que je suis hors circuit.

Voix d'homme :

– Comment ça ? Je croyais que tu décrochais des petits rôles à la MGM et que tu habitais à L.A. ?

Voix de femme :

– Ouais, bien sûr. C'était juste... euh... une façon de parler.

Voix d'homme :

– Je suis content que Stompanato organise ces soirées pour célibataires. On travaille tous comme des brutes, et on a besoin de se défouler de temps en temps.

Voix de femme :

– Tu dois être vraiment très occupé. Il y a bien marqué « Capitaine » sur l'insigne que tu m'as montré ?

Voix d'homme :

– C'est ça, mon chou. Je suis capitaine, et je suis inscrit sur la liste pour devenir inspecteur.

Voix de femme :

– Raconte-moi ce que tu fais. J'adore écouter les hommes parler de leur travail.

Voix d'homme :

– Eh bien, je dirige le poste annexe de West Hollywood.

Voix de femme :

– C'est mon ancien quartier. Autrefois, je travaillais dans un hôtel de passe de Havenhurst Street, et les adjoints du shérif étaient gentils avec toutes les filles.

Voix d'homme :

– Ma foi, tu sais comment c'est. Une main lave l'autre.

Voix de femme :

– Je crois savoir ce que tu veux dire, mais explique-moi un peu ça.

Voix d'homme :

– Eh bien, tout à fait entre nous, toutes les maisons de passe du comté versent des contributions volontaires au Fonds pour le rodéo annuel du shérif, si bien que l'argent se retrouve blanchi de cette façon-là. Tu sais, Gene Biscailuz, c'est un type bien. Rien à voir avec ce salopard de Bill Parker. Il sait que la plupart de ses hommes sont portés sur la bouteille ; alors, il reverse une partie de l'argent du rodéo à un hôpital où ils peuvent se faire désintoxiquer. Moi-même, je m'y suis fait soigner six ou sept fois. Passe-moi la bouteille, tu veux bien, mon chou ?

Voix de femme :

– Raconte-moi encore.

J'entends des pas. Je balance le magnétophone par une fenêtre qui donne sur l'arrière-cour. La porte sort de ses gonds et m'atterrit sur les genoux. Deux types me foncent dessus et m'assomment avec leurs grosses matraques noires.

***

Je me réveille enchaîné à une chaise. J'aperçois un portant garni de robes et un projecteur. Je reconnais la pièce obscure et exiguë.

La caravane 36, sur le tournage de *Private Hell 36*. L'Enfer Privé de la caravane 36.

Fred O et Johnny Stompanato se plantent devant moi. Ils ont des matraques de cuir noir avec lesquelles ils se tapotent les genoux. J'entends des voix, dehors.

Jack Webb et Ida Lupino.

J'ai mal à la tête. Je suis encore dans les vapes. Mes dents branlent dans mes gencives. Je repère des marques de dents sur les deux matraques. Otash me demande :

– Pourquoi t'as laissé Viv Woodard en plan ?

Stomp ajoute :

– Pourquoi tu lui as volé sa voiture ?

Otash :

– Où est passé le micro espion ?

Stomp :

– De quoi t'as parlé avec cette salope rouge ?

Je décide de jouer le crétin risque-tout. Je prends mon meilleur accent italien pour répliquer :

– Va a fan'culo !

Stomp me satonne. Je crache deux dents sur son costume Sy Devore. Fred O brandit un journal. Je découvre la manchette : UN AVOCAT CÉLÈBRE SE SUICIDE.

Otash lâche le journal.

– Nos collègues des Mœurs ont pris Woodard en flag. Il a obtenu sa libération sous caution et il a bouffé des barbituriques. Le môme qu'ils ont surpris en sa compagnie a fait des révélations à *L'Indiscret*. Ses confidences vont faire la couverture du numéro de Mai, à moins que tu arrives à persuader la veuve de s'asseoir sur tout ce qu'elle a pu apprendre au sujet d'un certain corps de police.

Je réponds :

– Va te faire foutre, Fritz.

Otash me cogne. Je crache deux dents sur son costume Sy Devore. Otash me frappe de nouveau.

– Woodard est mort, Dick. Tu ne nous sers plus à grand-chose. Et tu pourrais même devenir un boulet. Tu as supprimé un de nos copains qui nous était précieux, et les crétins risque-tout dans ton genre, on les préfère morts.

Les mots « crétins », « risque-tout » et « morts » explosent ensemble dans ma tête, ils éclaircissent mes idées embrumées. Je hurle comme un bébé qui a peur dans le noir.

Otash me bloque les deux bras. Johnny Stomp remonte mes manches de chemise. Harvey Glatman et l'infirmier surgissent dans ma sphère visuelle.

Quelqu'un me plante une aiguille dans le bras. Je tombe en chute libre dans l'extase et l'obscurité.

***

La lumière et les ténèbres se succèdent. Des seringues s'enfoncent sous ma peau.

Je voyage, je visite des endroits fabuleux. Je retourne dans l'enfer privé 36. Je saute la sirène qu'on voit sur les étiquettes des boîtes de thon.

Harvey Glatman photographie mes bras. Ida Lupino me fait une injection et filme mes traces de piqûres en trois dimensions. Ma vessie éclate. Quelqu'un dit : « Oh, merde ! »

Je m'envole pour Sirius. La succube m'aspire l'asperge et accouche de triplés qui ont la tige en trident. Je présente mes excuses à son mari. Il condamne ma couardise et déplore les dégâts que j'ai déclenchés. Howard plonge sur mon poireau. Linda Sidwell se jette sur Jack Webb. Joi Lansing me découvre filmé par Ida et me largue pour le Schvantz.

J'entends des voix ou des ventriloques vaudou.

– Il faut qu'on déménage les archives ce soir. Qu'on leur trouve un endroit sûr dans ton studio.

– Oui, Patron.

– Qu'on balance Contino quelque part.

– Levant me flanque les jetons.

– On ne sait jamais ce qu'il sait.

– C'est un toxico. Les gars comme lui cancanent sans arrêt, et tout le monde les croit.

– Il faut le torturer, découvrir ce qu'il sait, et puis le tuer.

Je m'envole pour Pluton. Je demande à Mickey Mouse pourquoi on a donné à une planète le nom de son chien.

– Il faut qu'on l'emmène ailleurs ou qu'on déplace cette putain de caravane. Il commence à sentir mauvais, et notre contrat de location est expiré.

Je m'envole pour Neptune. Je redescends au fond de l'enfer privé 36. Joe Friday dit : « Attelez la caravane. » On m'enfonce une seringue dans le bras. Je m'envole pour Vénus. Ça ressemble à Las Vegas. Je me demande comment c'est possible.

***

Blanc.

Du plastique blanc. Ou peut-être du Skaï. Ou

bien du cuir. Rembourré. Capitonné et collant. En contact avec ma joue.

Blanc.

Raide empesé. Tendu à vous pétrifier.

Je cligne les yeux. Je bâille. J'essaie de me frotter les paupières. Mes mains ne bougent pas. Mes bras ne bougent pas. Je me tiens moi-même à bras-le-corps.

Une blatte bouffie fait des bonds dans ma direction. Elle rebondit de rembourrage en capiton. Elle est tout près. Je veux l'écrabouiller. Je n'arrive pas à libérer mes bras.

Je roule sur moi-même. Je glisse sur des rainures visqueuses. Je découvre des murs striés de blanc, un plafond blanc quadrillé.

J'ai mal à la tête. Des élancements dans tout le corps. Mon espace lactescent oscille et vacille.

Je comprends brusquement.

Cellule capitonnée/camisole de force/voix ou ventriloques vaudou :

« Torturez-le. » « Tuez-le. » « Balancez Contino quelque part. »

Je me souviens de Sirius et de la sirène. De mes triplés à la tige en trident. Je me rappelle les piquouses planantes à la blanche. Je diagnostique mon dilemme.

Je suis accro à l'héro.

Je tremble. Je frissonne. Je grelotte. Je décide de peser mon pronostic.

Je frotte ma joue contre le caoutchouc. Je sens sur ma peau poisseuse une pilosité vieille de deux jours. Ce qui veut dire qu'il est trop tôt pour que je sois déjà toxico.

J'ai *encore* mal à la tête. Je sens *encore* des élancements. Mon espace lactescent oscille et vacille *encore*. Je suis *encore* momifié sous l'emprise de la dope.

Je scrute mon espace blanc. Je découvre un petit carré noir percé dans le mur à trente centimètres du sol.

Je roule sur moi-même pour m'en approcher. Un souffle chaud surgit de l'orifice. Je vois des grilles métalliques en retrait de quinze centimètres à l'intérieur du trou. J'essaie d'y faire pénétrer de force mon postérieur, pour plaquer contre les grilles les lanières de contention nouées sous mes fesses. Je n'arrive pas à m'en approcher suffisamment.

Je me retourne pour faire face au mur. Je plante mes dents dans le plastique blanc. Je m'y reprends à trois fois pour assurer ma prise. Je ronge, je déchire, je recrache, ronge, déchire, recrache, ronge, déchire, recrache. Je creuse un grand trou autour des grilles et je plaque mes fesses dessus.

C'est brûlant.

Ma chair s'échauffe, roussit, rôtit, mes fesses se calcinent. Je plante mes dents dans le revêtement de sol pour endiguer la douleur et enrayer mes hurlements naissants. Je sens une odeur de coton brûlé et de chair grillée.

Je m'enfonce un peu plus loin. La douleur augmente. Je sens se consumer quelques poils de cul. Je serre davantage les dents et manque m'étouffer sur un morceau de plastique.

L'étreinte se desserre. Mes bras se libèrent. Je me décolle de la bouche de chaleur. En roulant sur moi-même, je me débarrasse de ma camisole.

Je me lève. Je titube et m'écroule. Ma circulation reprend du service. Je rampe jusqu'à une porte blanche quadrillée comme une gaufre.

Je m'accroupis. Je me frotte les fesses. Pour rester calme, je compte les stries sur les murs. Quand j'arrive à 4 806, la porte s'ouvre.

Un type entre. Je lui saisis les chevilles et tire de toutes mes forces. Il tombe en avant de tout son long. Je referme la porte d'un coup de pied et je lui saute sur le dos.

Je lui enfonce la tête dans le plastique blanc. Rembourrages et capitons étouffent ses protestations. Je me laisse tomber sur lui, neuf fois de suite, en lui plantant mes genoux dans les reins. Je lui défonce le dos de toutes mes forces.

Du sang jaillit de sa bouche. Il gicle en gerbes et ruisselle en rigoles.

Le type est mort.

J'arrache un trousseau de clés de sa ceinture et m'approche de la porte en trébuchant. Je passe la tête par l'ouverture. Je vois un couloir vide. Une porte marquée : « Pharmacie. Accès interdit. »

Je tremble. Je frissonne. Je m'arc-boute dans l'encadrement de la porte. Mes mains palpitent à haut régime.

J'ai besoin d'un fixe.

Je regarde l'autre bout du couloir. Je reconnais les murs roses. Il me semble entendre un hurlement deux portes plus loin.

Le Mont Sinaï. Le pavillon des enfermés.

Je m'approche en vacillant de la pharmacie. Je tripote et trifouille mes clés. Mes mains tremblent. Je plante des clés dans la serrure. La quatrième m'ouvre la porte.

Je referme derrière moi. J'allume la lumière. Je vide dans l'évier trois tiroirs de traitements. Je plonge dans la Digitaline, la Désoxyne et le Dilantin. Je trie le Tuinal et le Terpin et je sacrifie le Seconal. Je rafle quatre flacons d'hypochlorure de Méthadrine et je vide jusqu'au dernier tiroir de la pièce.

Je dégage les dosettes de morphine et je palpe des pilules. Je trouve une seringue jetable et je m'injecte une bonne dose de méthadone. Je me garrotte le bras avec ma ceinture en croco et je me branche sur une veine qui me ramène tout droit sur Sirius.

Je sillonne la stratosphère en six secondes. Je redescends sur terre et je fonce vers la source de ce hurlement, deux portes plus loin.

J'enfonce la porte d'un coup de pied. Je découvre un nouvel univers blanc.

Oscar Levant est attaché à la cible d'un jeu de fléchettes géant. Une poignée de projectiles parsèment sa poitrine. L'infirmier pour dingues tient un pistolet à eau et deux câbles électriques terminés par de grosses pinces-crocodiles. Les câbles sont branchés sur une prise murale.

L'infirmier me voit. Il m'asperge. Il fonce sur moi avec ses câbles. Je glisse sur le plastique mouillé et je m'étale.

Il s'élance, il m'attrape. Une décharge rebondit sur mon torse. Je roule et percute la cible. Elle s'écroule. Oscar se retrouve par terre et se libère.

Je me relève. L'infirmier charge. Oscar arrache une fléchette de sa poitrine et la lance. Elle se plante dans la nuque de l'infirmier.

Estourbi, il lâche son pistolet à eau. Je le récupère et lui balance une giclée. Oscar lui plante deux fléchettes en pleine face.

Elles le paralysent. Il lâche ses câbles électriques. Je m'en empare et lui accroche les pinces-crocodiles sur les testicules.

Il hurle. Je passe à Oscar le pistolet à eau. Il lui expédie un jet sur les parties et l'électrocute.

6

Joi Lansing nous cache. On transforme sa maison en centre de désintoxication.

J'arrive à me débarrasser de l'héroïne. Joi connaît un toubib et un herboriste chinois. Ils collaborent et concoctent des composés pour me clarifier les canaux. Je prends leurs potions et sens tout le poison partir par mes pores.

Oscar se sèvre à sec. Il joue sur le piano de Joi vingt heures par jour. Il joue jusqu'à l'épuisement. Quand il est épuisé, il joue jusqu'à ce qu'il retrouve la forme. Il joue du Bartok brûlant et de benoîtes ballades de Brahms. Perché sur le balcon, il joue pour les collines de Hollywood. Les gens grimpent sur leurs toits pour l'écouter.

Les mains qui s'occupent n'ont pas le temps de trembler. Un cerveau qui se concentre ne pleure pas sa privation de paradis de pacotille.

Je me libère de l'héro. Je ne sais pas si je pourrais me libérer de mon habitude de l'homicide.

Je suis accro au crime, à présent. J'ai trouvé le

contexte pour assimiler l'assassinat. La plupart des hommes le découvrent en temps de guerre. Moi, je l'ai attiré par ma peur et je me suis mis en péril pour le perpétrer. Je suis un aimant qui attire le meurtre. Je continuerai de tuer tant que cela me paraîtra érotique et justifié.

J'ai envie de dépecer Jack Webb et Johnny Stomp et de mettre leur cuir à sécher. Je veux faire frire Freddy Otash dans l'huile bouillante et pulvériser William H. Parker. Je ne sais pas si j'ai envie de venger Trent Woodard ou de m'offrir un autre massacre. Mes mobiles sont alambiqués et mon amour-propre les a dénaturés. Je ne sais pas si je veux sauver L.A. ou l'annihiler et rendre les armes sous les bravos du public.

J'expose mon dilemme à Joi. Elle me conseille de me calmer et de laisser les choses se tasser sans rien dire. Dinkins et Wells s'appellent toujours Tartempion pour les journaux et la télévision. Le massacre du Mont Sinaï n'a pas droit à une seule ligne dans la presse. Le complot de la police est énorme et invérifiable. Oscar est un toxico. Je suis un déserteur. Jack Webb est Joe Friday. Laisse tomber, me dit-elle. Cette histoire est bien trop énorme pour que tu y fourres ton nez.

Je ne peux pas laisser tomber. Ma mémoire mutilée par les meurtres me dit non. Joi m'ouvre son lit et tente de m'amener à l'amnésie.

On fait l'amour avec Brahms et Bartok. On s'assoupit en douceur avec Schumann et Schubert. Oscar joue pour notre passion. Sa musique transmue mes souvenirs de meurtres et attise mon désir d'en commettre d'autres semblables.

On fait l'amour et on dort pendant une semaine. Un prélude opus 32 de Rachmaninov finit par me faire craquer.

J'appelle mes parents et leur conseille de se planquer dans leur abri antiaérien. Je dis à Joi d'appeler Harvey Glatman, et de lui demander de prendre d'elle quelques photos pour son portfolio.

7

Des voix ou des ventriloques vaudou :

« Il faut qu'on déménage les archives ce soir. Qu'on leur trouve un endroit sûr dans ton studio.

– Oui, Patron. »

J'ai entendu ces paroles dans la vape de l'héro. Je suis à peu près sûr que c'est Freddy O et Harvey Glatman qui les ont échangées. J'ai comme une intuition que Harvey prend ses photos perverses dans une sorte de Saint des Saints sadique.

Joi entre dans son atelier de réparation, sous le regard d'Oscar. Et le mien. Nous sommes planqués dans le coupé Jag de Joi.

Nous surveillons l'entrée du magasin. Nous attendons. Joi a tout ce qu'il faut.

C'est Oscar qui l'a équipée. Dans un magasin de jouets, on a acheté le « kit d'espionnage du sergent Joe Friday » et on a été emballés. Joi porte sur elle le « pistolet de poche » de Jill Friday et un émetteur de signaux. Oscar a en mains le « récepteur piégeur ». Nous garons la voiture à deux numéros de la boutique. Les signaux émis par Joi doivent nous guider jusqu'au Saint des Saints d'Harvey Glatman.

On surveille la porte. Oscar tète des cigarettes. J'essaie d'enrayer la tremblote du trucideur.

Je rêve d'alpaguer Harvey et de lui arranger le portrait. Je veux en finir avec mes envies de meurtre et retrouver mon accordéon.

Les secondes s'égrènent. Les minutes se traînent. On surveille la porte.

Notre bipeur se met à biper.

On saute de la voiture. On fonce dans la boutique. Je verrouille la porte et j'accroche le panneau FERMÉ. On suit les bips. Ils nous font traverser l'atelier. Ils nous mènent jusqu'à une grand porte verte.

BIP BIP BIP BIP...

Oscar donne un coup de pied dans la porte. Elle reste debout. Oscar se prend le pied à deux mains et hurle : « Merde ! » Je donne un coup de pied dans la porte. Elle ne bouge pas. Oscar soulève un téléviseur et le balance contre le panneau. La porte s'arrache de ses gonds.

On s'engouffre dans une petite pièce peinte en vert. On dirait la chambre à gaz de la prison de San Quentin. Joi tient Harvey en respect. Il est assis sur un fauteuil d'exécution capitale. Joi braque sur lui son pistolet jouet.

Je remarque une odeur de gaz fétide. J'ouvre en force une bouche d'aération percée dans un mur. L'odeur y est plus forte. Des cartons sont empilés dans une cache. Derrière eux, il y a un passage dans lequel on peut se faufiler.

Oscar s'empare d'un carton. Joi frappe Harvey avec son pistolet. Le jouet se désintègre dans sa main.

Harvey glapit. Joi nous informe :

– Il a essayé de me ligoter, ce malade.

J'examine la pièce. Elle suinte le macabre. Elle sent l'abattoir. Oscar ouvre un carton et feuillette des copies carbone. Il annonce :

– C'est les archives secrètes de *L'Indiscret.*

Harvey jappe et glapit. Joi lui plante son talon aiguille dans le pied. Oscar nous débite des ragots de torchon à scandales :

– Otto Preminger sniffe de la coke et de l'héro. Le maire de la ville a eu un enfant adultérin avec une Philippine. Randolph Scott le surexcité cherche des noises à un poids moyen mexicain. Dean Martin remet l'argent de la Mafia en mains propres au pape Pie XII au Vatican. Dick Powell fournit de la drogue à...

Je l'interromps.

– Parle, Harvey.

Harvey se tortille. Je renifle une nouvelle bouffée de gaz fétide. Je décèle un effluve d'amande amère et je sens mes cheveux se dresser sur ma tête.

Harvey demande :

– Qu'est-ce que vous voulez savoir ?

Je lui réponds :

– Tout. À titre personnel et confidentiel, et tout à fait entre nous.

***

Harvey parle. Harvey nous balance toute l'opération. Le grand jeu. Tandis qu'il se met à table, je sens des relents d'amande amère et je frissonne.

Harvey, c'est l'Einstein de Freddy O et de Johnny Stomp. C'est lui qui fait marcher leur arnaque de la « télévision par abonnement ». Ils vendent par abonnement des films de cul à tous les obsédés et à tous les grands phallocrates blancs de L.A. Depuis son atelier, Harvey peut transmettre des programmes vers le téléviseur de n'importe quel pékin. Les pervers paient le prix plafond pour leur pornographie privée.

Cal Dinkins et Playboy Wells fournissaient les détenus qui tenaient lieu d'acteurs. Des sbires de la police de L.A. les transportaient jusqu'au lieu de tournage, à Duarte. Freddy O a contraint Ida Lupino à assurer la mise en scène. En échange, Freddy a étouffé sa sale affaire d'homicide par imprudence – un jour, complètement ivre, Ida a percuté une voiture bourrée d'immigrés clandestins et tué les quatre occupants. Freddy forçait le Schvantz à tenir la vedette dans ses films. Le Schvantz, déjà condamné trois fois pour possession de marijuana, avait une quatrième affaire sur les bras. Le Schvantz se piquait à l'héroïne, et il était porté sur les pouliches mineures élevées dans la brousse, en provenance directe de Zanzibar par négrier spécial. Le Schvantz était donc amplement corvéable.

Freddy O était le dogue docile du préfet Parker. Parker voulait déconsidérer la police du comté et rafler une bonne partie de son budget. Freddy a donc concocté une combinaison clandestine. Il a profité du racket des soirées pour célibataires mis sur pied par Johnny Stomp, et il a fait coucher six adjoints du shérif avec six prostituées qui purgeaient une peine de prison. Les hommes de Biscailuz n'ont pas manqué d'ouvrir le bec. Ils ont divulgué sans vergogne les secrets du shérif, tandis qu'Ida Lupino filmait leurs frasques.

Parker avait besoin d'argent. Il voulait construire des prisons et des camps de travail pour les insolvables. Il voulait nettoyer les rues de L.A., proscrire les poivrots, liquider les loqueteux et les vendre à des dictateurs latinos.

Tout avait fonctionné comme sur des roulettes. Jusqu'au moment où Playboy avait franchi les bornes et participé à un braquage, couvert par Cal Dinkins. Jusqu'au moment où Oscar Levant et Dick Contino avaient mis les pieds dans le plat en descendant à Blackville.

***

Harvey a fini de parler. Joi lui souffle au visage sa fumée de cigarette et le traite de taré. Oscar extirpe de la cachette une douzaine de bobines de film.

Je plonge la tête dans l'ouverture. Je vois des canalisations qui mènent tout droit au fauteuil d'exécution capitale. Je capte un relent ravageur d'amande amère.

Oscar déclare :

– J'ai fouillé les six cartons. Il y a assez de scandales, là-dedans, pour rapporter à un maître chanteur l'équivalent du produit national brut. Bing Crosby baise des minettes mineures sur une arche de l'archevêché ancrée dans la baie de San Pedro ! Dave Garroway recrute des putes pour...

Je saute dans l'ouverture. Je m'accroupis et je suis un rai de lumière. L'odeur de cyanure vient du sud. Je redoute le pire.

Le trou s'élargit, devient tunnel. Des parois en bois repoussent la terre et les gravats. Je découvre une pile d'ossements et un remugle puissant, mélange de naphtaline et de chair décomposée.

Des crânes. Des humérus. Des fémurs. Des bassins larges et féminins mouchetés de cartilage rougeâtre.

Je ressors du trou en courant. Je fonce sur Harvey.

Harvey sourit. Harvey me dit :

– Dix-sept. Mais après tout, pourquoi compter ?

Ces tableaux terrifiants se transmettent par télépathie. Le temps se fige.

Joi laisse tomber sa cigarette. Oscar lâche le dossier explosif qu'il consulte.

Personne ne dit mot. Nous prenons tous le temps d'assimiler l'énormité de la chose.

Personne ne parle. Personne ne respire. On regarde tous l'orifice.

Harvey lit dans mes pensées.

– Je sais que tu as envie de me tuer, Dick. Je sais comment ça se passe quand un grand timide renifle l'odeur du sang.

Personne ne parle. Personne ne respire. On regarde tous Harvey.

Il dit :

– Pas de décision hâtive. Je suis le seul qui puisse te sortir du bourbier où tu t'es fourré.

Il me donne des explications.

Je décide de surseoir à son exécution.

8

J'accapare un box au grill d'Ollie Hammond. J'ai apporté un crucifix et une grosse tête d'ail.

La succube est en retard.

Oscar et Joi montent la garde dans la chambre à gaz. Ils ont barricadé la boutique et ils braquent sur Harvey le fusil de mon père. Au moment du grand déballage, Harvey avait mis le paquet pour me faire changer d'idée. Il croyait me faire oublier l'horreur où j'avais fourré mon nez. Il pensait que j'allais glisser en douceur sur ses dix-sept assassinats.

Il se trompait. J'ai prononcé sa condamnation. Oscar et Joi ont joué les avocats commis d'office ; ils ont imploré mon pardon. J'ai tenu bon et j'ai dit non. Ils ont reconnu qu'ils en étaient ravis, confessant leur connivence au tribunal fantoche de Contino. J'ai ajouté que l'exécution d'Harvey ne poserait pas de problème ; avec ce qu'on avait sous la main, ça devrait gazer. Oscar et Joi ont trouvé ça drôle. On a tiré à la courte paille pour savoir qui lancerait les capsules. C'est Joi qui a gagné. Oscar a fait un saut chez le loueur de costumes. Il lui a rapporté un superbe déguisement de Faucheuse, noir de la tête aux pieds.

Je me sens vertueusement vertueux et je souris avec suffisance. Une douzaine de fois, déjà, j'ai ratifié mon raisonnement et me suis réjoui de sa rationalité. Harvey est un franc-tireur de l'horreur. La police de L.A. ne sait pas qu'il tue des femmes. On ne peut pas espérer qu'elle maîtrise son molosse enragé. Je peux donc gazer Harvey et renoncer au meurtre une bonne fois pour toutes.

La succube est en retard.

Je me sens vaillamment viril. Je me sens étonnamment énergique et spectaculairement spirituel. Je suis en possession des archives secrètes de *L'Indiscret.* Je détiens des informations explosives. Je sais qui baise, qui suce, qui lèche, qui sodomise, qui se shoote, qui s'abaisse à céder à ses désirs les plus vils. Je pourrais briser des carrières et relancer la mienne. Je pourrais faire chanter les agents artistiques, les directeurs de casting et les chroniqueurs. Je pourrais manipuler la majeure partie de la presse, et l'obliger à ruiner mes rivaux. Je pourrais assurer mon ascension au sommet de l'Olympe. Je pourrais humilier ceux qui m'ont rabaissé, dans le style qui fait le succès de *L'Indiscret.*

La succube arrive.

Je tremble. Je frissonne. Je serre ma tête d'ail.

Viv s'assied à ma table. Elle porte le deuil avec une distinction démoniaque.

Viv la vamp.

Elle me fait remarquer :

– Mon Dieu, Dick, ce que vous sentez mauvais !

Je lâche ma tête d'ail. J'empoigne mon crucifix. Sous la table, je le braque sur son entrecuisse. Je lui dis :

– Vous vous demandez sans doute pourquoi je vous ai appelée.

Elle hoche la tête.

– Je me demande surtout où vous avez trouvé la témérité de le faire.

– J'ai une existence très téméraire, ces jours-ci.

– C'est une dérobade, ce n'est pas une réponse convenable.

Viv la venimeuse.

– Je suis navré, pour votre mari.

D'une pichenette, Viv chasse un grain de tabac du bout de sa langue.

– C'est abject, de réagir de cette façon. Et puis, c'est ce que vous auriez dû commencer par dire avant toute chose.

Viv la vindicative.

Je contiens ma colère. Je m'en tiens à une réponse inodore et sans saveur.

– Je n'avais pas le choix. La police me manipulait.

Viv s'esclaffe.

– Si, vous aviez le choix. Votre alternative, c'était le suicide ou le passage aux actes.

Je ris. Viv rit. C'est un rire minable sans aucune gaieté.

– Vous avez gâché vos possibilités les plus immédiates, y compris celle de me faire un enfant. Je crois que vous raterez toutes les autres occasions qui vous seront offertes.

Je verse quelques larmes. Ses paroles perfides et les effluves d'ail auront suffi à me les arracher. Un serveur s'approche. Viv le renvoie d'un geste.

– Vous ne m'avez pas rendu ma voiture, Dick.

Je hausse les épaules.

– J'ai trouvé un autre bel Italien pour me féconder. Il est beaucoup plus connu que vous, et je suis sûre qu'il est mieux monté.

– Qui ça ?

– Dean Martin.

Je lâche mon crucifix. Il rebondit sur le plancher, avec un drôle de bruit métallique, qui fait : « ri–tal. » Je m'exclame :

– Cet enfoiré de Dino ! C'est lui qui apporte le fric de la Mafia au Vatican.

– Oui, et mon mari était homosexuel. Si vous essayez de me choquer ou de me titiller, vous n'employez pas la bonne méthode.

Je me tamponne les yeux. Je m'éponge le nez. Viv me lance sa serviette.

– Dites-moi ce que vous voulez, Dick. Je dois retrouver Dean chez Chasen, et je ne veux pas être en retard.

Je me mouche dans du lin blanc.

– Je veux passer aux actes, et j'ai besoin de parler au shérif Biscailuz.

Viv se lève.

– Je vais vous arranger ça, en souvenir de ce que nous aurions pu vivre ensemble.

Je sens son parfum. Je le reconnais. Joi m'a dit qu'elle le portait aux enterrements.

Bonjour Tristesse, de Matchabelli.

Viv ajoute :

– Lavez ma voiture, avant de me la rendre.

9

J'entre dans la pièce au bras du shérif. Le préfet Parker en chie presque sur le tapis du salon.

Je lui demande :

– Quoi de neuf, Daddy-O ?

Daddy-O devient rouge de rage et se congestionne, cramoisi. Ses veines se boursouflent, bleuâtres, et virent au vermeil.

Le shérif le fait asseoir devant son téléviseur. Il darde sur moi des yeux draculéens et me jette un sort de toutes ses forces. Je sais qu'il ne peut pas parler. Je sais qu'un chat catatonique a capturé sa langue.

Je referme la porte. Je commente :

– C'est beau, chez toi, mon lapin. Ces tentures à carreaux, ce drapeau au mur, c'est tellement toi.

Parker bafouille et crachouille des bouts de syllabes sans suite. Sa langue lancinée et son palais paralysé ne sont plus synchronisés.

Le shérif annonce :

– Cela ne va pas être une partie de plaisir, Bill. Mais je te promets que nous ne prolongerons pas les choses inutilement.

Je me trouve une place près de l'écran. Le shérif reste debout à côté de moi. Parker est assis cinquante centimètres derrière nous.

Je consulte ma montre. Je fais le compte à rebours. L'écran s'illumine, comme par magie.

Jack Webb en gros plan. Da-da-da-da/da-da-da-da-daaaaa... L'indicatif de *Dragnet*. Jack tire sur un énorme joint. Il glousse et se gausse de sa vie complètement *dinnnnngue.*

Il explique :

– Je m'appelle Joe Friday. Je porte un insigne. Je m'en sers pour forcer les putes à me tailler des pipes. Autrefois, je m'appelais Webb, mais j'ai eu la chance de rencontrer ce cul serré de Bill Parker, qui a baisé une fois dans sa vie en 1924, qui a décidé que le pouvoir l'intéressait plus que le cul, et a pris la tête de la Police de Los Angeles. Da-da-da-da !

Je me retourne. Je regarde Parker. Je n'arrive pas à compter les couleurs par lesquelles il passe.

Jack continue :

– Bill m'a refilé son insigne, à moins que ce soit le contraire. Mais qu'est-ce qu'on en a à foutre, du moment qu'on ramasse plein de pognon ? Et si vous croyez que je parle seulement de *Dragnet*, vous vous trompez, parce qu'on a des projets *énoooormes* avec un Cubain, un certain Batista – soit dit entre nous, et à titre tout à fait confidentiel. Et c'est Bill le plus grand flic d'Amérique, pas ce pédé d'Edgar Hoover ! Et croyez-moi, avec ce qu'on sait, on a de quoi le traîner dans la boue si jamais il prend ses grands airs avec nous ! Da-da-da-da ! Da-da-da-da-daaaa... !

Je me retourne. Je regarde Parker. Je n'arrive pas à identifier toutes les pâleurs pastel par lesquelles il passe.

Jack Webb s'esclaffe. Un homme rit hors-champ. On dirait la voix de Fred O. Jack Webb montre un majeur mafflu.

– Hé, Bill, va te faire foutre ! Ça, c'est pour la fois où tu m'as humilié au Jonathan Club, espèce de suceur de bites impuissant ! Hé, Bill, ta mère se fait sauter par le taureau dans les arènes de Tijuana ! Hé, Bill, t'as intérêt à être sympa avec moi, ou je raconte au maire que c'est toi qui lui as mis dans les pattes cette pute des Philippines ! Hé, Bill...

J'entends un coup de feu. L'écran implose. Des morceaux de verre crèvent le panneau arrière et déglinguent la fenêtre.

Des diodes se décomposent. Des câbles cèdent et se cintrent. Le châssis se craquelle et se fissure.

Je me retourne. Je regarde Parker. D'un coup de pied, je lui fais lâcher son arme.

Le shérif explique :

– Pas d'esclaves. Pas de prisons ni de camps de travail pour les insolvables. Pas de représailles contre Contino, Levant ou leurs familles. Pas de chantage à l'encontre de mes hommes, et plus la moindre tentative pour rafler une partie de mon budget.

Parker ne peut pas parler. Le chat catatonique ne lui a pas rendu sa langue. Le shérif ajoute :

– Nous sommes branchés sur les téléviseurs de J. Edgar Hoover et du maire, et sur 8 000 autres récepteurs choisis au hasard à Los Angeles. Hoche la tête pour signifier que tu acceptes nos conditions.

Parker hoche hystériquement la hure et passe du blanc blafard au blême bleuâtre.

Les débris du téléviseur s'enflamment. L'appareil crache des étincelles, crépite et se change en champignon de fumée.

***

Je retourne au magasin d'Harvey. Je trouve le pâté de maisons tout entier rasé par les flammes, réduit à un enfer de décombres fumants.

Des camions de pompiers. Des badauds. Des voitures de flics.

De la suie. De la fumée. Une atmosphère chargée de cendres. Un champ de ruines où se dresse, solitaire, une carcasse roussie.

Le fauteuil de la chambre à gaz.

J'aperçois Oscar et Joi. J'abandonne ma voiture et je cours les rejoindre. Ils portent des robes noires de bourreaux. Ils allument leurs cigarettes à un morceau de poutre incandescent et me regardent.

Je leur demande :

– Mais qu'est-ce qui s'est passé, bon sang ?

Joi me répond :

– Harvey nous a blousés. Il a court-circuité trois ou quatre fils et fait sauter une cloison. L'un des pompiers a dit qu'il avait sans doute provoqué une déflagration tout en contrôlant l'appel d'air. L'incendie s'est déclaré environ une minute plus tard.

Je hurle :

– Il a filé ?

Joi hoche la tête.

– Nous avons sous-estimé un génie.

Oscar ajoute :

– Et toi, on t'a surestimé.

J'envoie un coup de pied dans une pile de débris. Ma chaussure de tennis prend feu. Je sautille sur un pied et j'éteins les flammes.

– Et les archives ? J'ai des projets. Ces dossiers peuvent me sauver la mise !

Joi me répond :

– Elles ont brûlé. Dommage, Dick. J'espérais qu'elles t'aideraient à préparer ton retour.

Je pique une crise. Je trépigne et balance des coups de pied dans les décombres fumants. Mes chaussures s'enflamment. Je les laisse brûler.

Oscar conclut :

– Dick, t'es foutu.

*
* *

Quarante-trois ans, six mois, vingt-six jours. Un tourbillon temporel qui m'emporte jusqu'à maintenant.

Des liaisons illicites. Des contaminations cataloguées sur des carbones consumés. Des secrets partis en fumée.

La contamination dont j'ai été témoin. La collusion que j'ai tenté de contenir. La violence organisée qui régit L.A. encore aujourd'hui.

L'histoire cachée, sur laquelle pèse un tel silence...

Le shérif m'a mis à l'abri pendant trois ans. J'ai vécu en exil sur le Sunset Strip. Joi m'a laissé tomber. J'ai épousé une actrice nommée Leigh Snowden.

Parker a tenu sa promesse. Il n'a exercé de représailles ni contre moi ni contre les miens. Il n'a pas vendu d'esclaves à Batista le Brigand. Il n'a pas jeté en prison les impécunieux. À aucun moment il n'a publiquement balancé Jack Webb. Il n'a pas fait tomber le niveau de Dragnet *plus bas que terre. Il a obtenu que Fred Otash soit révoqué de la police de L.A. de façon spectaculaire.* Dragnet *s'est encore traîné pendant cinq ans.*

Fred O est devenu détective privé. Il a pompé des ragots et soutiré des infos à des milliers de mouchards bien placés. Il a arrangé des avortements. Il a organisé des cures de désintoxication pour des junkies et des alcoolos. Il a vendu des photos de Rock Hudson avec une bite dans la bouche. Il a dopé un cheval de course en 59 et failli se retrouver en taule. Il est mort vieux et riche en 1992.

Crise cardiaque.

Johnny Stompanato s'est livré au chantage sexuel. Il est devenu l'amant de Lana Turner. La fille de Lana l'a poignardé en avril 1958. Fred O a fait sa pelote avec les souvenirs de Johnny en provenance directe de la morgue. Ses photos du cadavre se sont vendues cent dollars pièce. Marilyn Monroe a acheté les cheveux de Johnny. Un pédéraste s'est procuré son pénis.

Le Schvantz est mort en 65.

Sur son yacht. Seul avec cinq femmes.

Crise cardiaque.

Il a vécu à toute vitesse, il a aimé sans compter, il est mort d'épuisement.

Ida Lupino est décédée en 95.

Cigarettes, alcool, usure.

Le shérif Biscailuz est mort en 69.

De vieillesse.

Je suis allé à sa veillée funèbre. Je me suis soûlé avec des flics de la Criminelle. Avec eux, j'ai surveillé un magasin de spiritueux sur le point d'être braqué. Je leur ai raconté le VRAI *Harvey Glatman. Ils ne m'ont pas cru.*

Harvey a disparu pendant trois ans. Il a refait surface en 57. Il a trucidé trois femmes et s'est débarrassé des cadavres en plein désert. Une fille qui posait pour des photos a causé sa perte. Elle a réussi à le désarmer et à le blesser. Les flics lui ont mis le grappin dessus. Il a avoué ses crimes récents et pas un de plus. On l'a jugé et condamné. Il a sucé du cyanure en septembre 1959.

Ces trois femmes me pèsent sur la conscience. Ces trois mortes non identifiées minent mon sommeil et se rappellent à moi quand je ne m'y attends pas. Harvey a pris la fuite alors qu'il était sous ma surveillance. Il a tué ses trois dernières victimes et d'autres femmes sous mon imprimatur. J'ai exploité son génie, qui m'a sauvé la vie. Je lui ai vendu un sursis d'exécution. Il en a profité pour s'offrir cinq ans d'existence, et de nouvelles victimes dont on ne connaît pas le nombre.

Le temps passe.

Oscar et Joi sont morts en 72. Pour leur carrière, ils ont parcouru des millions de kilomètres, et brûlé la moindre parcelle de leur corps.

Ils me manquent.

Viv Woodard est morte en 61.

Suicide.

Elle n'a jamais donné naissance à son bâtard mi-macaroni.

Jack Webb est mort en 82. Crise cardiaque. Il a poursuivi son prosélytisme pro-policier, grâce à d'autres programmes télévisés financés par des marchands de thon en boîte. Puis il s'est retiré discrètement quand on lui a fait comprendre qu'on n'avait plus besoin de lui. Son mentor malfaisant, William H. Parker, est mort en 66.

Une crise cardiaque précipitée par sa brève attaque contre moi.

Il a trépassé en patriarche exaspéré. J'avais déjoué ses desseins les plus démoniaques, le forçant à se replier sur des mesures de répression de seconde zone. Il a durci ses décisions drastiques pour me défier de façon détournée ; j'ai contré sa contre utopie et semé le chaos dans ses cauchemars les plus crépusculaires. J'ai atomisé son amour-propre fragile et défaillant. Il a liquidé la classe liquidable des démunis, il a possédé les dépossédés comme autant de succédanés de ce damné Dick Contino.

Ses sbires ont botté des culs noirs, des culs café au lait, et des culs de petits blancs. Paternaliste, Parker prenait son pied avec eux. Il a laissé un héritage infernal. Il n'a pas su, pour ses successeurs obsédés de répression, tirer cette leçon : la répression a un prix.

Rodney King. Les émeutes de 92. Le verdict répugnant et radicalement orienté par des considérations raciales du procès Simpson.

Le tourbillon temporel tourne en sens inverse.

Jusqu'en 1954.

Et jusqu'à moi.

Je n'ai jamais relancé ma carrière. J'ai pompé ma boîte à punaises et gagné de quoi survivre et j'ai élevé trois gosses. Mon image d'insoumis m'a poursuivi, me privant de mon public. Ma femme est morte en 82.

Cancer.

Aujourd'hui, j'ai 67 ans. Je suis en bonne santé. Je vis à Las Vegas et joue dans des hôtels. Je cours après les femmes. Les femmes courent après moi. Je poursuis le tourbillon temporel qui me ramène À CE MOMENT-LÀ.

Ma peur s'est déclarée À CE MOMENT-LÀ et elle a persisté jusqu'à MAINTENANT. Mes Rages Post-Passives Patentées ont explosé une fois tous les dix mille ans. J'ai foncé tout droit dans la folie et j'en suis ressorti en louvoyant, la tête remplie de nouveaux mythes en miniature.

J'ai mentionné les mythes en question à un million d'amateurs affamés de fables. Ils n'acceptent pas mon histoire secrète. Ils me disent que les protagonistes sont morts, et ne peuvent confirmer ni réfuter mes dires. Ils me font remarquer la lourde hérédité qui me lie à la maladie d'Alzheimer.

Ils prétendent que je mens. Ils disent que je me trompe. Que c'est un mauvais rêve. Ils deviennent frénétiquement frustrés et répètent non, non, non.

Je deviens vertueusement vertueux et je souris avec suffisance. Je leur désigne le cauchemar qu'est L.A. et je m'en attribue tout le mérite.

Des cadavres dans le décor

DIVISION DES INSPECTEURS/BRIGADE CRIMINELLE/ JURIDICTION DU SHÉRIF DU COMTÉ DE LOS ANGELES (AVEC L'AIDE DE LA POLICE D'EL MONTE). VICTIME : SCALES, BETTY JEAN. DATE DU DÉCÈS : 29-01-1973. CLASSIFICATION : MEURTRE/ART. 187 DU CODE PÉNAL. DOSSIER N° 073-01946-2010-400 (NON RÉSOLU).

1

La victime était une femme de race blanche âgée de vingt-quatre ans. Elle habitait au N° 2633 de Cogswell Street, à El Monte. C'est une ville de seconde zone. La population : un mélange de petits Blancs et de Latino-Américains de condition modeste.

La victime était l'épouse de William David Scales, un Blanc âgé de vingt-six ans. Le couple avait une fille de quatre ans et un fils de trois mois. La victime n'exerçait aucune profession. Son mari était installateur de matériaux d'isolation.

Lundi 29 janvier 73, 20 heures :

La victime quitte son appartement. Elle est seule. Elle a annoncé son intention de déposer quelques chèques dans la boîte aux lettres de la banque, et de faire des courses au drugstore Durfee et au supermarché Crawford. Elle part au volant de sa camionnette Ford. William Scales reste à la maison. Il garde les gosses, et jette un coup d'œil à l'émission *Laugh-In* à la télévision.

La banque se trouve à un pâté de maisons du supermarché. Le drugstore Durfee est à quinze cents mètres à l'ouest. L'appartement des Scales est à mi-chemin entre les deux.

Tous les commerces sont proches les uns des autres, dans ce quartier. Scales se dit que sa femme sera de retour une heure plus tard.

21 heures, 21 h 30, 22 heures. Pas de Betty Jean. Le bébé a faim. Scales le nourrit et change sa couche. Il est mécontent et inquiet. Il attise sa colère et son angoisse. Il commence à se faire son petit cinéma personnel. Premier scénario : abandon du domicile conjugal.

Betty nous a plaqués, les enfants et moi. Betty m'a laissé les gosses sur les bras. Betty a un amant. Ils sont chez lui, ou dans un bar, ou dans un motel. Ils font l'amour au Nashville West.

Scales se calme. Il change de scénario. Betty a besoin d'être seule un moment.

Pour souffler un peu. Pour se détendre. Pour aller voir ses amies.

Il appelle Connie, Terry et Glenda. Elles lui disent qu'elles n'ont pas vu Betty. Scales laisse galoper son imagination de 22 h 30 à minuit. Il appelle la police d'El Monte et la police de la route. Il décrit sa camionnette et sa femme. Il se renseigne sur les accidents de circulation.

Résultat négatif :

Votre camionnette n'a été impliquée dans aucune des collisions signalées.

Jusqu'à 2 heures du matin, Scales imagine toutes sortes d'accidents de la route. Il rappelle la police d'El Monte. Nouvelle réponse négative. L'officier de permanence lui conseille de rester tranquille et d'attendre près de son téléphone.

Il tente de rester tranquille. Son petit cinéma continue dans sa tête. Il laisse ses enfants seuls et il sort. À pied, il passe devant le supermarché Crawford et le Nashville West. Tout est fermé. Il ne voit ni sa femme ni sa camionnette. Il rentre chez lui. Il rappelle les amies de sa femme. Trois nouvelles réponses négatives. Il s'endort sur le canapé et se réveille à 5 h 30. Il téléphone au père de Betty Jean à Corona. Bud Bedford lui dit qu'il n'a pas vu Betty Jean ; il n'a pas de nouvelles de sa fille. Il décide de faire un saut jusqu'à El Monte.

Bud Bedford rejoint Bill Scales. Ensemble, ils passent en voiture devant le drugstore, la banque et le supermarché. Ils ne voient ni Betty Jean ni la camionnette. Ils se rendent au poste de police d'El Monte. Ils remplissent un formulaire pour signaler la disparition. Scales déclare que Betty Jean est une épouse fidèle et une bonne mère de famille. Elle n'est pas du genre à aller traîner n'importe où. Elle ne fume pas. Elle ne court pas après les hommes. Elle n'aurait jamais abandonné le domicile conjugal sans prévenir.

Les flics conseillent à Scales et à Bedford de rester tranquilles. Ôtez-vous de la tête toutes ces histoires d'accidents de la route ou d'enlèvements. Légalement, nous ne pouvons rien faire tant que votre femme n'a pas disparu depuis quarante-huit heures. À ce moment-là seulement, vous pourrez repenser aux accidents ou aux enlèvements.

Mais Bill Scales ne pense qu'à ça. Et Bud Bedford aussi. Ils sont incapables de rester sans rien faire.

Ils patrouillent d'est en ouest sur l'autoroute N° 10, du nord au sud sur la 605. Ils s'arrêtent dans les stations-service. Ils parlent aux pompistes. Ils décrivent Betty Jean et la camionnette. Scales a une idée fixe : il est sûr que sa femme a été enlevée. Il *sait* que le ravisseur s'est arrêté pour prendre de l'essence.

Nouvelles réponses négatives. Des *non* sur toute la ligne. Pas de Betty Jean. Pas de camionnette.

Bedford rentre chez lui. Il a divorcé d'avec la mère de Betty des années plus tôt. Il doit lui annoncer la nouvelle et la prévenir que les choses se présentent mal.

Scales fait garder ses enfants. Il emprunte une voiture et sillonne systématiquement toutes les routes. Il s'arrête dans les stations-service. Il montre une photo de Betty. Il n'obtient qu'une série interminable de *non*.

Mercredi 31 janvier 73 :

L'enquête sur la disparition de Betty Jean débute officiellement. Un avis de recherche est diffusé. Un télétype donne une description de la camionnette et de Betty Jean : Sexe féminin/Race blanche/Née le 6-3-49, 1 m 62, 52 kg, cheveux bruns, yeux marron. Portait un pull rouge et rose, un jean marron, et des chaussures de tennis blanches.

Jeudi 1er février 73, 1 h 30 du matin :

Une voiture de police repère la camionnette. Elle est garée sur le parking du supermarché Vons. Le lieu : au carrefour de Peck Road et de Lower Azusa Street. À trois kilomètres au nord du N° 2633, Cogswell Street. À quatre kilomètres au nord du drugstore Durfee, de la banque et du supermarché Crawford.

Un policier saisit le véhicule. Il l'emmène à la fourrière du sud de la ville. Il parle à un employé du supermarché Vons. L'employé déclare que la camionnette est sur le parking depuis au moins quarante-huit heures. Il a remarqué sa présence vers 4 heures du matin, le mardi 30 janvier.

Huit heures après que Betty Jean a quitté son appartement.

La police d'El Monte prend contact avec la brigade criminelle du comté. La disparition de Betty Jean Scales ressemble à une affaire de meurtre. L'officier de police Hal Meyers et le sergent Lee Koury se rendent à la fourrière.

Ils examinent la camionnette.

Au fond du plateau : un échafaudage métallique, un casier à bouteilles, un carton vide, un étui en cuir pour porter un outil, une ceinture assortie et un morceau de corde. Dans la cabine : trois bocaux de bouillie pour bébé dans un petit carton. Un sac à main, un soutien-gorge blanc, une culotte blanche, une chaussure de tennis blanche pour le pied gauche, et un jean marron.

Le carton est posé sur le plancher. Les vêtements sont entassés juste à côté.

Koury et Meyer regardent sous le siège. Ils trouvent la chaussure droite. Un porte-clés est fourré à l'intérieur. Ils remarquent une tache de sang sur la toile blanche de la chaussure.

Sur le siège : un pull rouge et rose. Des taches de sang clairement visibles. Une boîte à outils sur la marche intérieure, près de la portière du passager. Éclaboussée de sang.

Encore du sang :

Des traînées sur le dossier du siège. Des éclaboussures sur l'intérieur de la portière. Des gouttelettes sur la marche près de la boîte à outils.

Koury appelle le laboratoire de l'Identité judiciaire pour qu'il envoie une équipe. Meyers ouvre le sac à main. Il y trouve des cosmétiques, trois chèques à l'ordre de William D. Scales, la carte d'identité de Betty Jean Scales, et un chéquier. Le dernier chèque émis : 9 dollars 71, à l'ordre du Drugstore Durfee, le 29 janvier 73. Meyers fouille le carton posé sur le plancher. Il y trouve un reçu imprimé par une caisse enregistreuse, pour un montant de 9 dollars 71. Koury appelle la police d'El Monte et demande qu'on prévienne le mari.

L'équipe de l'Identité arrive. Un spécialiste des empreintes saupoudre l'intérieur et l'extérieur de la camionnette. Il ne trouve pas d'empreintes latentes. Quelqu'un a essuyé le volant et le tableau de bord. Un de ses collègues gratte des taches de sang et prélève un lambeau du siège arrière. Il trouve un cheveu brun pris dans un amas de sang coagulé.

1er février 73, 13 h 30 :

Koury et Meyers rejoignent Bill Scales au poste de police d'El Monte. Scales leur détaille les projets de sa femme pour la soirée de lundi. Il leur rend compte de ses propres faits et gestes et qualifie leur mariage de « stable ».

1er février 73, 15 h 30 :

Koury et Meyers se rendent au drugstore Durfee. Ils interrogent une employée nommée Gloria Terrazas. Mme Terrazas reconnaît une photo de la victime présumée et déclare que Betty Jean est venue vers 20 h 30 lundi soir. Elle a acheté de la bouillie pour bébé et a réglé par chèque. Elle est entrée et ressortie seule. Son comportement était normal.

1er février 73, 16 heures :

Koury et Meyers vont au supermarché Crawford. Ils cuisinent les gens qui ont travaillé lundi soir. Ils leur montrent une photo de la victime présumée, et demandent : « Quand l'avez-vous vue pour la dernière fois ? » Les réponses sont unanimes : Betty Jean n'est pas venue lundi.

L'affaire semble très localisée. La victime présumée quitte son domicile et se rend au drugstore Durfee. Elle n'arrive jamais au supermarché ni à la banque. Ses chèques, prêts à être déposés, sont encore dans son sac. Cela ressemble à un enlèvement. Le ravisseur met le grappin sur Betty Jean à la sortie du drugstore, ou sur le chemin de la banque, ou bien quand elle se rend au supermarché. Il s'empare de la camionnette. Il se débarrasse de Betty

Jean, puis il abandonne la camionnette sur le parking du supermarché Vons, où on a remarqué sa présence vers 4 heures du matin, le mardi 30.

Ou bien c'est le mari.

1er février 73, 18 heures :

Koury et Meyers retrouvent Bill Scales à la fourrière. Scales reconnaît sa camionnette et les objets en vrac sur le plateau. Il désigne le carton vide. Il déclare que son agrafeuse a disparu. C'est un outil très lourd. Le ravisseur s'en est peut-être servi pour assommer sa femme et la tuer.

Koury et Meyers examinent Scales de plus près.

Scales regarde l'intérieur de la cabine. Il remarque quelques graviers sur le plancher. Il extrapole.

Une brute a enlevé sa femme. Il l'a tuée à coups d'agrafeuse et s'est débarrassé du corps dans les gravières d'Irwindale.

C'est une théorie valable.

Koury et Meyers voient en Scales un salopard d'une froideur terrifiante.

Les gravières d'Irwindale se trouvent au nord-est d'El Monte. Elles longent l'autoroute 605, et s'étendent sur 60 kilomètres carrés. Elles sont reliées aux bassins de contrôle des crues et bordées de broussailles.

La profondeur des fosses varie de 5 à 50 mètres. Des routes pavées permettent de passer de l'une à l'autre. L'accès depuis la voie publique est des plus aisés. À partir de n'importe quelle route les traversant d'est en ouest, il suffit de prendre un embranchement pour s'enfoncer tout droit dans les gravières.

Le paysage est psychédélique. Nuit et jour, des grues excavatrices suspendent leurs pelles au-dessus des fosses. Les pluies transforment les gravières en lacs. L'eau s'y accumule et s'en échappe très lentement.

Des pluies torrentielles s'abattent sur Los Angeles cet hiver-là. Les fosses sont submergées. La première gravière se trouve à 2 500 mètres du supermarché Vons.

Dans l'affaire Scales, tout porte à croire que l'assassin s'est débarrassé du corps quelque part. La police pense que Betty Jean est au fond d'une fosse.

Vendredi 2 février 73 :

Une équipe commence les recherches. Sont mobilisés : un hélicoptère et dix officiers de police du comté, trois policiers d'El Monte, et trois hommes de la brigade criminelle. L'hélicoptère fait du rase-mottes. Les flics piétinent dans le gravier humide toute la journée.

Samedi 3 février 73 :

Les recherches reprennent. Sont mobilisés : un hélicoptère, sept hommes du shérif, deux policiers d'El Monte, quatre hommes de la brigade criminelle, et cent trois cavaliers de la police montée du comté. La zone de recherches est considérablement élargie. Elle comprend El Monte, Baldwin Park, Irwindale, Azusa, Arcadia, et d'autres secteurs du comté de Los Angeles qui ne sont rattachés à aucune localité.

L'hélicoptère vole bas. Les policiers à pied portent

des cuissardes. Les chevaux pataugent dans l'eau jusqu'aux genoux. Un orage éclate à 15 heures. Les recherches sont suspendues.

Les orages continuent. Pluies violentes le dimanche et le lundi. Les recherches sont reportées indéfiniment. Il faut attendre que le niveau de l'eau baisse dans les gravières.

Koury et Meyers pensent qu'il y a eu enlèvement, viol, et meurtre. Ils pressurent quelques auteurs de délits sexuels connus. Ils se retrouvent sans le moindre suspect.

Ils font du porte-à-porte du côté du drugstore Durfee et du supermarché Vons. Ils rentrent bredouilles. Personne n'a rien vu. Ils interrogent le père, la mère, le beau-père, la belle-mère et le frère de la victime présumée. Le père et la mère disent du mal du mari :

C'est un bon à rien. C'est un tyran. C'est un salopard égoïste. Bud Bedford ne mâche pas ses mots : C'est lui qui a tué Betty Jean.

Mercredi 7 février 73 :

Bill Scales est convoqué au laboratoire de la police du comté. Le sergent Ben Lubon le soumet au test du détecteur de mensonges. Koury, Meyers et un policier d'El Monte y assistent en observateurs.

Lubon qualifie les résultats de concluants. Le sujet ne sait rien des circonstances dans lesquelles sa femme a disparu, et ne manifeste aucun sentiment de culpabilité quant à son décès probable.

L'affaire Scales est au point mort. Pas de corps et pas de lieu clairement défini comme étant celui où le crime a été commis. Koury et Meyers enquêtent sur de nouveaux meurtres, qui exigent un travail à temps plein. La pluie revient, s'arrête de nouveau. Les gravières sont remplies d'eau stagnante.

Dimanche 25 février 73 :

Une route périphérique qui contourne une vaste fosse exploitée par la compagnie Conrock-Durbin. Un bidon d'essence de vingt litres au bord de la route.

Un vigile qui fait sa ronde s'arrête pour ramasser le bidon. Son chien saute de la voiture et se précipite dans la gravière. Le vigile le siffle. Le chien aboie et n'obéit pas. Le vigile s'approche du bord de la fosse et regarde au fond.

Elle est nue, étendue sur le dos au fond de la fosse. L'agrafeuse se trouve à un mètre cinquante de sa main gauche.

Elle est en état de décomposition avancée. L'immersion a accéléré le processus. Les vers ont rongé les yeux et la majeure partie des tissus membraneux.

Son crâne est défoncé. Le cuir chevelu s'est détaché du crâne au cours de la décomposition. Les asticots grouillent à l'intérieur de la cavité crânienne.

Un paquet de cheveux est resté collé au bout de l'agrafeuse.

Une douzaine de policiers arrivent sur les lieux. Ils passent la fosse au peigne fin. Un hélicoptère survole la gravière. Un photographe de la police prend quelques clichés au grand-angle.

La fouille ne donne rien. Zéro. De la terre, de la boue, des cailloux, des graviers. Un médecin légiste réquisitionne le corps.

Il pratique une autopsie. Il conclut à un décès par traumatisme aigu ayant provoqué de multiples fractures du crâne. La recherche de traces de sperme par frottis ne donne aucun résultat. Les parois vaginales sont gorgées d'eau et trop décomposées.

Tout le monde sait qui est cette femme. Malgré tout, la police l'étiquette Anonyme N° 10. Il faut une identification officielle.

Elle est rendue possible grâce à l'examen de sa dentition.

Betty Jean Scales. Née le 6 mars 49. Date probable du décès : 29 janvier 73.

Koury et Meyers travaillent sur ce dossier entre deux enquêtes. Ils examinent les cas récents d'agressions sexuelles dont les suspects courent toujours. Leur zone géographique : El Monte/Baldwin Park/Irwindale.

16 décembre 72 :

2 heures du matin. Bureau de poste de Baldwin Park. Art. 220 du code pénal – Agression dans l'intention de commettre un viol.

Un jeune de race blanche accoste une femme blanche de quarante-quatre ans. Sous la menace d'un couteau, il l'oblige à monter de force dans sa propre voiture. Il lui arrache son soutien-gorge, lui baisse son pantalon et lui caresse les fesses. La victime hurle. Le suspect prend la fuite, à pied.

17 décembre 72 :

3 h 45 du matin. La laverie automatique ouverte 24 heures sur 24 au N° 4428, Peck Road, à El Monte. Art. 220 du code pénal – Agression dans l'intention de commettre un viol.

Un homme de type latino-américain accoste une femme blanche de cinquante-six ans. Elle travaille à la laverie, et dans un autre établissement semblable quatre pâtés de maisons plus loin.

Le suspect tente de la pousser dans la réserve. Il déclare : « J'ai envie de baiser ! J'ai envie de baiser ! Je suis pas un voleur ! » La victime ôte une épingle de nourrice de sa blouse. Elle pique le suspect. Le suspect hurle et s'enfuit en courant. La victime appelle le commissariat d'El Monte. Une voiture vient sur les lieux. Elle informe les policiers : « J'ai déjà vu cet homme à 2 heures du matin. Il traînait devant mon autre laverie et il m'a regardée à travers la vitrine. »

4 janvier 73 :

1 heure du matin. La laverie automatique ouverte 24 heures sur 24 au N° 4851, Peck Road, à El Monte. Art. 207 du code pénal – Enlèvement ; art. 261 – Viol ; art. 245 – Agression à l'aide d'une arme mortelle ; art. 10851 du code californien des infractions – Vol de véhicule.

Un homme de type latino-américain accoste une femme blanche de 26 ans. Il assomme la victime. Il la fait entrer de force dans sa propre voiture et prend le volant. Il sort de la ville par l'autoroute 605, puis il prend l'autoroute 210 et la nationale 71. Il arrête la voiture dans une rue adjacente et force la victime à en descendre. Il l'emmène dans un terrain vague. Il la viole et la force à se livrer sur lui à un coït buccal. Il la ramène à sa voiture et la reconduit à El Monte. Il l'oblige à descendre du véhicule au carrefour des rues Cherrylee et Buffington. Il informe la victime qu'elle retrouvera sa voiture à l'angle de Cherrylee et Peck Road.

Le suspect laisse la voiture à cet endroit. Il essuie le tableau de bord et le volant.

2 février 73 :

1 h 45 du matin. À l'angle de Lower Azusa Street et Peck Road, El Monte. Art. 314-1 du code pénal – Exhibitionnisme.

Un homme de type latino-américain accoste une femme blanche de trente-six ans. La victime se tient debout près d'un banc, à un arrêt d'autobus. Le suspect exhibe sa verge. Il déclare : « Je n'arrive pas à dormir, cette nuit, parce que je ne trouve personne à baiser. »

La victime hurle. Le suspect s'éloigne. Une voiture de police qui passait par là intercepte l'individu. Le suspect a sur lui trois livres pornographiques, intitulés *Ami et mari, Une Veuve affamée* et *La Queue conquérante.*

Le suspect est arrêté. On l'interroge sur les deux incidents des laveries automatiques. Il est mis hors de cause.

Le pervers des laveries court toujours. Ses agressions ont précédé le rapt de Betty Jean Scales respectivement de 42 et de 25 jours. Le supermarché Vons est à 100 mètres du 4428 Peck Road.

Le drugstore Durfee se trouve à 3 kilomètres au sud. Le tueur a enlevé Betty Jean à 20 h 30. Le pervers des laveries ne se manifeste que la nuit. Il ne cadre pas très bien avec l'affaire Scales.

L'agression au bureau de poste précède le rapt de Betty Jean de 43 jours.

Koury et Meyers enquêtent sur de nouveaux meurtres. Ils cessent de vérifier les rapports sur les agressions sexuelles.

8 mars 73 :

19 h 15. Bureau de poste de Baldwin Park. Art. 207, 286, 288 A du code pénal – Enlèvement, sodomie, coït buccal.

Un jeune Blanc accoste une femme blanche de dix-sept ans. Il brandit un couteau et la force à le conduire dans un parc proche.

L'endroit est discret. La victime gare sa voiture. Le suspect lui ordonne de passer sur la banquette arrière et de se dévêtir. Elle obéit. Le suspect la rejoint sur la banquette. Il baisse son pantalon et caresse le sexe de la victime.

Il entre en érection. Il pénètre partiellement l'anus de la victime. Il la contraint à pratiquer sur lui un coït buccal. Il se masturbe et éjacule sur la poitrine de la victime. Il lui dit de se rhabiller. Elle obéit. Il l'emmène dans le parc et lui ordonne de se déshabiller. Elle obéit. Le suspect s'empare de ses vêtements et s'enfuit à pied.

13 mars 73 :

21 h 35. Supermarché Food King. 14103 Ramona Bd, Baldwin Park. Art. 242 du code pénal – Voie de fait.

Un jeune de race blanche accoste une femme blanche de vingt-cinq ans. Il ouvre la portière de sa voiture côté passager. Il agrippe la victime et lui déchire sa veste. La victime se libère. Elle s'échappe de la voiture. Le suspect s'enfuit à pied.

14 mars 73 :

19 h 15. Supermarché Lucky. 13940 Ramona Bd, Baldwin Park. Art. 207/220 du code pénal – Enlèvement/Tentative de viol.

Un jeune Blanc accoste une femme blanche de vingt-neuf ans. Il ouvre la portière de sa voiture côté conducteur. Il brandit un couteau et lui dit : « Pousse-toi. » La victime obéit. Le suspect prend le volant et sort du parking. La victime lui demande quelles sont ses intentions. Le suspect répond : « Je vais te faire l'amour. »

Le suspect prend la direction du sud-est. Il s'arrête à un feu rouge. La victime tente de sauter du véhicule. Le suspect accélère. La victime s'empare des clés de la voiture. Le suspect la menace : « Remets-les dans le contact ou je te tue. » La victime refuse d'obéir.

La voiture ralentit. La victime saute du véhicule. Le suspect saute du véhicule. Une lutte s'ensuit. La victime s'empare du couteau du suspect et le lui plante dans le bras. Le suspect s'enfuit à pied. La victime récupère sa voiture et se rend au poste de police de Baldwin Park.

Elle signale l'incident. L'officier de police Henry Dock en prend note. Elle décrit son agresseur et la blessure à l'arme blanche qu'elle lui a infligée. Elle souffre pour sa part de quelques coupures et égratignures. Dock la conduit à l'hôpital Hartland. Un médecin soigne ses blessures.

Le sergent J. Morehead appelle Henry Dock à l'hôpital. Il l'informe qu'un patient venu faire soigner une blessure à l'arme blanche s'y trouve en ce moment. Il correspond au signalement donné par la victime.

La victime observe subrepticement le patient. Elle le reconnaît formellement.

Il a dix sept ans. Il est blond, maigre, et couvert d'acné. Il va au lycée et vit chez ses parents.

Dock arrête le môme. Un médecin soigne sa blessure. Dock emmène le môme au poste de Baldwin Park. Un inspecteur l'interroge. Le môme est remis à ses parents. Il risque une inculpation pour enlèvement et tentative de viol.

Les policiers de Baldwin Park prennent contact avec la brigade criminelle du comté. Ils décrivent le môme et sa façon de procéder. Ils le présentent comme suspect d'un viol et de trois tentatives de viol perpétrées précédemment. Koury et Meyers enquêtent sur de nouveaux meurtres. Ils ne font pas le rapprochement entre ce gamin et l'assassinat de Betty Jean Scales.

23 mars 73 :

13 h 30. Drugstore Durfee, El Monte. Art. 220 du code pénal – Agression dans l'intention de commettre un viol.

Un jeune de race blanche accoste une femme blanche de dix-huit ans. La victime est assise dans sa voiture. La portière côté conducteur est ouverte.

Le suspect apparaît à la portière. Il saisit le volant et dit à la victime de se pousser. La victime refuse. Le suspect réitère son ordre. La victime hurle. Le suspect lui plaque une main sur la bouche et plonge l'autre dans son soutien-gorge. La victime tient bon et le repousse de tout son poids. Le suspect s'enfuit à pied.

25 mars 73 :

Le môme est arrêté et inculpé pour l'agression du 23 mars. Il a eu dix-huit ans le 4 décembre. C'est à présent un adulte responsable.

Quatre de ses précédentes victimes l'identifient. Il est en détention à Temple City, au poste de la police du comté. L'un des inspecteurs prévient Koury et Meyers. Ils interrogent le môme au sujet de l'affaire Scales.

Le jeune déclare qu'il n'a aucun souvenir du viol ni des tentatives de viol. Il prétend qu'il est sujet à des trous de mémoire. À deux fois, il a repris conscience de ses actes et s'est retrouvé en train de brutaliser des femmes. Il a un problème avec les femmes. Il consulte un psychiatre depuis sa première arrestation, le 14 mars. Il a pu se livrer à des activités coupables pendant ses trous de mémoire.

Il accepte le test du détecteur de mensonges. C'est le sergent Ben Lubon qui le lui fait subir.

Le môme nie avoir tué Billy Jean Scales. Il nie le viol et les tentatives de viol pour lesquelles ses victimes l'ont identifié. Il affirme n'avoir jamais mis les pieds au drugstore Durfee. Le sergent Lubon estime le test « peu concluant ».

12 juin 73 :

Koury et Meyers interrogent le môme de nouveau. Il nie avoir tué Betty Jean Scales. Il affirme n'avoir jamais mis les pieds au drugstore Durfee. Koury et Meyers insistent sur l'affaire Scales. Le môme invoque son droit à garder le silence.

Il reste en détention préventive. Il est condamné pour sa tentative de viol du 14 mars. La décision : une peine de durée indéterminée dans une institution pour jeunes délinquants.

Le dossier Scales est étiqueté : NON RÉSOLU. C'est le second meurtre non résolu de l'histoire d'El

Monte. Il a suivi d'une bonne quinzaine d'années la découverte d'un autre cadavre.

La victime s'appelait Geneva Hilliker Ellroy. C'était ma mère.

2

C'était le 22 juin 58. L'assassin s'est débarrassé de ma mère sur une route proche du lycée Arroyo. Il l'a peut-être tuée sur place. Il a pu la tuer ailleurs. Cela s'est passé de bonne heure, un dimanche matin. La route en question était un lieu de rendez-vous connu des amoureux du coin. Il offrait les caractéristiques requises de discrétion à court terme. L'accès en était aisé. Des buissons masquaient l'endroit depuis la route.

Le tueur l'a violée, ou bien lui a fait l'amour avec son consentement. Il l'a étranglée avec une cordelette en coton et l'un de ses bas nylon. Il a abandonné le corps dans les broussailles. On l'a retrouvée toute habillée, mais ses vêtements étaient en désordre.

BRIGADE CRIMINELLE DU COMTÉ, DOSSIER Z-483-362 (AVEC L'AIDE DE LA POLICE D'EL MONTE).

Les flics ont reconstitué sa soirée de samedi.

Elle a quitté la maison à 20 h 00. Elle était seule. Elle s'est rendue en voiture jusqu'à l'artère commerçante de Five Points, à El Monte. Elle a jeté un coup d'œil dans la salle de la pizzeria Mama Mia – « comme si elle cherchait quelqu'un. » On l'a aperçue au Manger Bar. Elle était seule.

Samedi 21 juin 58, 22 h 30 :

Ma mère et un Blanc au teint basané dînent au restaurant drive-in « Chez Stan ». Ils se font servir dans la voiture de l'inconnu – une Oldsmobile de 1955 ou 56.

21 juin 58, 23 h 15 :

Ma mère et le Basané arrivent au Desert Inn – un bar que fréquentent les ouvriers agricoles et les ivrognes d'âge mûr. Une blonde entre avec eux. Ils boivent, dansent et bavardent tous les trois ensemble. Ils repartent à minuit.

Dimanche 22 juin 58, 2 h 30 du matin :

Ma mère et la Basané retournent au Desert Inn. Ils sont seuls. Ils ne descendent pas de voiture. Le Basané prend un café, ma mère mange quelque chose.

22 juin 58, 10 h 10 du matin :

Des passants repèrent le corps de ma mère.

Tous les lieux concernés sont proches les uns des autres, dans le même périmètre.

La maison se trouve à deux kilomètres et demi de l'artère commerçante. La pizzeria et le Manger bar sont juste au sud. Le restaurant drive-in « Chez Stan » est au milieu. Le Desert Inn est à sept pâtés de maisons vers l'est. L'endroit où le corps a été retrouvé se situe à quatre kilomètres et demi en direction du nord-ouest.

Mes parents étaient divorcés. Ce week-end-là, je l'ai passé chez mon père. Je n'ai pas vu ma mère quitter la maison. Je n'ai pas été pris de panique en constatant son absence, je n'ai pas eu peur qu'elle ne revienne jamais. J'avais dix ans. Je n'avais jamais entendu d'histoires de cadavres dont on se débarrasse en pleine nature. Je n'ai pas eu à endurer une veillée mortuaire prolongée par des pluies interminables, ni à voir la dépouille décomposée de ma mère.

J'étais un petit garçon très froid. Je haïssais ma mère et je la désirais, et je n'ai pu l'atteindre que post-mortem, à travers des succédanés. Je l'ai enterrée en hâte et j'ai brûlé d'amour pour d'autres femmes assassinées. La mort de ma mère a corrompu mon imagination et l'a rendue plus hardie. Dans le même temps, elle m'a libéré et elle m'a assujetti. Elle a programmé les centres d'intérêt qui ont mobilisé mes ressources mentales. Mon sujet principal : le crime. Matière secondaire : les femmes dépecées vivantes. Devenu adulte, j'ai écrit des romans sur l'univers masculin qui rend leurs morts possibles.

J'ai fui loin de ma mère. Entre nous, j'ai mis des années et des milliers de kilomètres. En 1994, je suis revenu vers elle aussi vite que possible. J'avais quarante-six ans. Le destin est intervenu. Il a provoqué une confrontation.

Un ami m'a appelé. Il m'a dit qu'il écrivait un article sur les meurtres non élucidés de la vallée de San Gabriel. Cet article allait mettre en avant l'une des équipes de la police du comté, celle qui se penche sur les crimes non résolus. Mon ami allait avoir accès au dossier de ma mère et apprendre des choses que j'ignorais.

Cet appel était une chance à saisir. On me donnait l'occasion de voir, à mon tour, le dossier de ma mère.

Mon ami m'a organisé un rendez-vous brûlant

avec une inconnue. Je ne savais pas que j'allais tomber éperdument amoureux de ma mère.

J'ai vu le dossier. J'ai lu les rapports, et j'ai vu le corps de ma mère gisant dans les broussailles. Ce fut un choc et une révélation. Je savais que sa mort avait modelé ma curiosité et mon don de conteur. Je le savais depuis longtemps. C'était une conclusion à laquelle j'avais abouti grâce à un raisonnement froid et une parodie d'objectivité. À présent, je percevais toute l'importance que cette mort avait eu pour moi. Je sentais qu'elle s'accompagnait d'une dette envers ma mère : il fallait que je l'accepte pour ce qu'elle avait été, et que je lui rende hommage. Je sentais que cette filiation qui me liait à elle dépassait de beaucoup les simples liens du sang. Je sentais que j'étais *elle*.

Un inspecteur de la criminelle m'a montré le dossier. Il s'appelait Bill Stoner. À cinquante-trois ans, il était sur le point de prendre sa retraite. Il travaillait depuis trente-deux ans pour le shérif du comté. C'est lui qui a résolu le crime du Cotton Club et la « mini-affaire Manson », et qui a participé à l'opération dirigée contre le « Tueur nocturne », Richard Ramirez. Il a travaillé pendant quinze ans à la brigade criminelle.

Stoner m'a impressionné. J'ai tout de suite conçu de l'estime pour lui, et il m'a rendu la pareille. J'ai entrevu chez lui un intellect puissant et méthodique. J'ai senti qu'il savait compenser par une humanité foncière les strictes exigences du raisonnement. J'ai senti qu'il pourrait m'apprendre des choses.

Stoner avait renoncé au service actif. Il restait cependant officier de police à part entière dans l'unité de réserve du comté.

J'ai décidé de reprendre l'enquête sur l'assassinat de ma mère. J'ai demandé à Stoner de m'aider. Il a accepté.

L'enquête a duré quinze mois, pendant lesquels je suis resté à Los Angeles, travaillant à plein temps avec Stoner.

Nous avons étudié le moindre bout de papier contenu dans le dossier. Dix mille fois, nous avons reconstitué, de façon hypothétique, les derniers faits et gestes de ma mère. Nous avons mis en service un numéro de téléphone à accès gratuit dans l'espoir de récolter des informations nouvelles. Nous avons reçu des centaines d'appels sans intérêt. En extrapolant, nous avons tenté de cerner la personnalité du Basané. S'agissait-il d'un voyageur de commerce de passage à El Monte ? Venait-il au Desert Inn prendre des paris sur les courses de chevaux ? La Blonde travaillait-elle avec ma mère ? Fréquentait-elle les mêmes bars ?

Nous avons échafaudé des suppositions, nous nous sommes penchés sur les criminels condamnés à perpétuité. Nous avons exploré la fin des années cinquante, passé au peigne fin la vallée de San Gabriel. Nous sommes allés à El Monte, à Baldwin Park, Irwindale, Duarte, Azusa, Temple City, Covina, West Covina et Rosemead. En remontant dans le passé, nous avons traqué ma mère jusqu'à Chicago et dans le Wisconsin rural. Nous avons découvert des gens qui l'ont connue il y a soixante ans.

Nous n'avons pas trouvé la Blonde ni le Basané. Ce que nous avons recueilli, c'est le compte rendu oral de toutes les histoires sordides du comté de Los

Angeles. Les gens nous ont confié des choses intimes. J'ai vite calqué sur Stoner l'attitude de l'inquisiteur, j'ai appris à quel moment je pouvais parler, à quel moment je devais me taire. J'étais un voyeur et un observateur, dont les arrière-pensées de vengeance restaient soigneusement camouflées. Les flics m'appréciaient parce que je savais que je n'étais pas un des leurs et que je n'avais pas envie de le devenir. Ils m'appréciaient parce que mon amour et ma haine étaient conformes à leurs principes moraux.

Bill Stoner est devenu mon ami le plus proche. Notre investissement personnel à l'un comme à l'autre était total, et dépassait de beaucoup le cadre de l'enquête. Nos conceptions du monde se rejoignaient et s'élargissaient pour englober nos deux visions distinctes. Nous discutions du crime pendant des heures. Bill me racontait des histoires de flics. Je lui décrivais mes exploits de criminel à la petite semaine et mes séjours dans les prisons du comté, qui remontaient à une vingtaine d'années. Nous plaisantions. Nous tournions en ridicule l'absurdité du machisme, tout en nous sachant complices de ceux qui le perpétuent. Bill m'apportait beaucoup. Il me donnait une vision personnelle, empirique, du crime à L.A. Il l'embellissait avec beaucoup de brio et me permettait de resituer ma mère dans un contexte.

Nous parlions d'elle, sans considération particulière pour le fait qu'il s'agissait de ma mère, ni d'égards pour son statut de victime d'un assassinat. Sans prendre de gants, nous parlions de son alcoolisme et de son penchant pour les minables. Nous suivions le cheminement de son existence, tel que nous pouvions le reconstituer d'après les faits, tout en dressant la carte de ses nombreux détours. Nous partagions un amour universel et totalement idéalisé des femmes. Nous appartenions à cette conspiration, répréhensible, qui privilégie les victimes de meurtres. Bill prenait plaisir au luxe d'une enquête prolongée qui se terminerait probablement par un résultat négatif et un suspect décédé. Cette enquête lui permettait de vivre avec la victime, d'explorer son existence, et de l'honorer à loisir.

L'enquête finit par s'épuiser. Le Basané perdit de son intérêt. Nous avions pour objectif de découvrir un tueur, et nous n'avons fait qu'amasser des informations sur sa victime. J'ai eu envie d'écrire un livre et de faire connaître ma mère au monde entier. J'ai voulu me servir de tout ce que j'avais appris sur son compte, de montrer que j'acceptais enfin la femme qu'elle avait été, et de décrire mon amour pour elle.

J'ai écrit mon livre *Ma part d'ombre* en sept mois. Je m'y suis attelé avec une intention délibérée : celle d'étaler les détails les plus sordides de la vie de ma mère, sans prendre de gants. Je ne voulais pas que l'on pense que je l'aimais *en dépit* de son inconscience, de ses actes irréfléchis et de sa négligence. Je voulais que mes lecteurs sachent que je l'aimais *à cause* de tout cela; et que la gratitude qu'elle m'inspirait – comme une dette que j'avais envers elle – provenait du fait qu'elle était précisément ce qu'elle était, et que les éléments spécifiques de sa personnalité ambiguë et de son pouvoir sexuel sur moi ont tous contribué à façonner mon existence, et m'ont même sauvé la vie.

Ma part d'ombre a été un gros succès de librairie tout en étant salué par la critique. J'ai assuré la promotion du livre grâce à des tournées en Amérique et en Europe. Bill Stoner s'est joint à moi lors de mon passage en France et à Los Angeles. Nous avons emmené des équipes de télévision à El Monte. Nous leur avons montré le lycée Arroyo et les emplacements où se trouvaient autrefois le Desert Inn et le restaurant drive-in « Chez Stan ». J'ai résumé l'histoire de ma mère six mille fois. Je l'ai réduite à une série de formules percutantes et faciles à comprendre. Je l'ai rendue publique dans un état d'esprit où se mêlaient la passion et la joie.

Le livre a provoqué une nouvelle vague de renseignements sur l'affaire – tous dénués d'intérêt. Bill Stoner a pris la peine de les vérifier malgré tout. Je suis rentré chez moi, à Kansas City, et j'ai commencé les recherches requises par mon prochain roman.

Ma mère est restée avec moi. De temps à autre, sans prévenir, elle fondait sur moi. J'accueillais de bon cœur sa présence insistante.

Je n'arrivais pas à me débarrasser de *Ma part d'ombre.* Je ne désirais pas m'en débarrasser. J'ai repris la route pour la promotion de l'édition de poche. De nouveau, j'ai fait des lectures publiques, j'ai accordé des interviews, j'ai parlé de ma mère. J'ai raconté son histoire avec une passion intacte. La répétition n'a pas provoqué chez moi de lassitude. Je suis rentré chez moi avide de continuer. J'avais envie de quelque chose de nouveau et de totalement familier.

Bill me manquait.

Je regrettais l'univers des enquêteurs et mon rôle d'observateur.

El Monte me manquait.

J'y ai vécu quatre mois en 58. J'en suis parti le jour où ma mère est morte. J'en suis resté absent pendant trente-six ans.

C'était une ville où régnaient la chaleur, la pollution et la poussière. C'était un univers de petits Blancs réactionnaires et d'immigrés clandestins. Mon père la surnommait : « Merdeville, USA. »

Ma mère est morte, et la peur m'a fait fuir vers l'ouest, vers mon père et le centre de L.A. C'est le fantôme de ma mère qui m'a tenu éloigné d'El Monte, mais c'est lui, aussi, qui m'y a fait revenir.

Le lycée Arroyo était toujours le lycée Arroyo. Mon ancienne maison était encore debout. Le restaurant « Chez Stan » avait disparu. Le Desert Inn s'appelle aujourd'hui le Restaurant Valenzuela.

J'ai retrouvé ma mère dans la ville qui l'a tuée. El Monte était le lieu privilégié où je pouvais communier avec elle. Mes premières visites m'ont effrayé. Un contact prolongé a effacé la peur. Bill et moi nous sommes liés d'amitié avec les policiers du cru et avec l'homme qui possède mon ancienne maison. Nous avons dîné à l'endroit même où ma mère a dansé avec son assassin. Nous avons pris un repas chez Pepe, de l'autre côté de la rue, et plaisanté avec Oscar de la Hoya.

J'adore El Monte aujourd'hui. El Monte représente la quintessence de ce que ma mère a été.

Je voulais donner à El Monte le pouvoir de me

choquer et de me faire repartir de l'avant. Je voulais tirer profit des leçons que m'a données ma mère, et aborder en toute conscience le dossier d'une autre femme assassinée. Je voulais trouver une affaire qui se prête à une enquête, et coucher par écrit tout ce qu'elle m'inspirerait.

Bill appartenait toujours à l'unité de réserve de la police du comté. Il m'apprit qu'il passait en revue des affaires anciennes en vue d'un examen génétique éventuel. C'est le capitaine qui avait demandé un réexamen complet des dossiers. L'identification par l'ADN est une technique nouvelle qui fait fureur. De nombreux meurtres anciens non élucidés pourraient bien se révéler élucidables aujourd'hui.

Je lui exposai mon projet. Bill le trouva à son goût. Je lui demandai d'éplucher ses fiches pour trouver un meurtre non résolu commis à El Monte.

Il me rappela pour me dire qu'il avait trouvé une affaire dans laquelle l'assassin s'était débarrassé du corps. Elle semblait tout aussi localisée que l'avait été l'assassinat de Jean Ellroy.

3

Je réserve une chambre d'hôtel près de chez Bill et prends l'avion pour le comté d'Orange. Le soir même, je m'enferme avec le dossier Scales.

Il ressemble à celui de ma mère. Des photos prises sur les lieux du crime, des télétypes et des rapports collés dans un registre bleu. Des bribes de papier et une cassette audio : le premier interrogatoire de Bill Scales.

J'écoute la cassette.

Scales parle lentement, en choisissant ses mots. Il décrit sur le même ton la disparition de sa femme et une course de motos à laquelle il vient de participer. La course, c'est sa vie. Il aurait dû remporter un trophée, la semaine précédente. Il ne pouvait pas enfourcher sa moto pour partir à la recherche de sa femme ; l'engin n'était pas agréé pour un usage sur la voie publique.

J'examine une pile de photos d'identité. Betty Jean Scales de son vivant : une femme à l'air guindé, portant des lunettes à monture d'écaille. Je regarde les clichés pris sur les lieux du crime : Betty Jean morte depuis vingt-sept jours. Un mannequin boursouflé et grouillant d'insectes.

Je regarde les vues en perspective. Les gravières ressemblent à des cratères lunaires. J'imagine les toxicos du coin, bourrés d'amphétamines, hallucinant sur le décor.

Je lis le compte rendu de la découverte du corps et le rapport du laboratoire. Je prends des notes. Je découvre un détail curieux :

« Pull de la victime. Tache O + – non sécrétée. »

Bizarre :

L'observation semble s'appliquer à une tache de sperme. Certains hommes sécrètent des cellules sanguines identifiables dans leur émission de sperme ; d'autres pas. « O + – non-sécrétée » est un illogisme.

Je lis la déclaration de disparition. Je reconnais les lieux.

Ma mère faisait ses courses au supermarché Crawford. Nous habitions à deux pâtés de maisons à l'ouest de Peck Road. Le lycée Arroyo longe Lower Azusa Street. Betty Jean a disparu en se rendant à Five Points.

Je lis les rapports sur les agressions sexuelles. J'élimine l'obsédé des laveries automatiques. Il travaillait tard dans la nuit, et se cantonnait aux quartiers nord d'El Monte.

Le môme, en revanche, je le sens bien dans le rôle du suspect idéal.

Il a été condamné pour une tentative de viol. Quatre autres victimes de viol/tentative de viol/enlèvement ont reconnu en lui leur agresseur. Celle de ses victimes qu'il a effectivement violée a été assaillie dans l'obscurité et dans un lieu isolé. La dernière fois que Betty Jean a été vue vivante, elle se trouvait au drugstore Durfee. Le môme travaillait dans une imprimerie, deux rues plus loin. Sa dernière agression présumée a été perpétrée au drugstore Durfee le 23 avril 73.

J'appelle Bill. Il se rallie à mes premières conclusions et me conseille fortement de rester circonspect. Nous ne sommes pas censés nous braquer sur un suspect. Nous devons examiner les faits et nous abstenir de toute conclusion partiale.

Il me rafraîchit la mémoire :

Il s'agit à présent d'une enquête officielle de la police du comté, en collaboration avec celle d'El Monte. Je dois observer, écouter, et poser des questions de façon judicieuse.

Bill m'apprend qu'il a joint Koury et Meyers. Ils

ont tous les deux pris leur retraite dans le Missouri. Il faut que nous leur demandions leurs impressions. Je signale l'annotation concernant le groupe sanguin. Bill me dit que nous devrions nous rendre au dépôt des pièces à conviction pour y retirer les effets personnels de la victime. Ses vêtements doivent être examinés ; ils portent peut-être des traces de sperme ou des taches de sang d'origines différentes. Telle est la procédure habituelle précédant la recherche d'ADN.

Je comble les lacunes de notre hypothèse.

Le môme, semble-t-il, a éjaculé sur sa victime du 8 mars. Il a pu faire la même chose avec Betty. Il a pu s'essuyer la verge sur le pull, le soutien-gorge ou la culotte de la jeune femme. La recherche de sperme effectuée par le médecin légiste n'a pas donné de résultats. Les parois vaginales de la victime étaient en état de décomposition avancée. Les tests d'identification d'ADN n'existaient pas en 1973. Des taches de sperme anciennes dont l'ADN est identifié peuvent être comparées à des prélèvements de cellules effectués sur des hommes soupçonnés de fraîche date. Le laboratoire de l'Identité pourrait retrouver des cellules sur les vêtements de Betty. Il pourrait aussi identifier l'ADN du môme. Il serait facile de déterminer, avec une certitude absolue, la présence ou l'absence d'ADN. Les textiles retiennent les cellules d'ADN indéfiniment.

Je mentionne Bill Scales et l'écoulement vaginal qui fait suite à un rapport sexuel normal. Bill Stoner affirme que nous devons retrouver Scales, et obtenir de lui un échantillon sanguin ou un frottis des muqueuses buccales. Il faut parvenir à identifier les cellules de son liquide séminal, pour le différencier de celui du violeur. Bill Stoner ajoute que l'emplacement des taches sur le sous-vêtement a une importance cruciale. S'il s'agit d'un écoulement normal, il sera concentré à l'entrejambe de la culotte de la victime. Si l'assassin s'est essuyé avec le sous-vêtement, les taches seront diffuses, et plus larges.

Je dors mal, cette nuit-là. Je me retourne sur mon lit, et j'intervertis les éléments du dossier de Betty Jean et de celui de ma mère. Je sais que je vais devoir affronter la journée du lendemain à grand renfort d'énergie mentale pure et de café noir.

Et c'est effectivement ce qui se passe.

Bill et moi nous rendons en voiture à El Monte. Nous trouvons les lieux clés et passons de l'un à l'autre par le chemin le plus court.

N° 2633 Cogswell Street : petites maisons basses et des marmots crasseux en couches-culottes. Le drugstore Durfee : un magasin modeste à un coin de rue et des voitures garées tout autour. Le supermarché Crawford : disparu. La banque : disparue. Le supermarché Vons : un magasin important, avec un grand parking.

Les gravières : un panorama de grues excavatrices et de tas de cailloux. Des routes d'accès bordées de grillages et des panneaux « Défense d'entrer ».

Je feuillette le dossier et vérifie les adresses.

Le môme habitait au 14335 Ramona Bd. Les agressions des 13 et 14 mars ont eu lieu aux numéros 14103 et 13940.

Nous passons devant ces deux endroits. Les

anciens bâtiments ont disparu. Des centres commerciaux les ont remplacés.

Le bureau de poste de Baldwin Park : toujours au même endroit. On peut s'y rendre à pied depuis l'endroit où le môme habitait. Les gravières et le supermarché Vons : accessibles à pied pour un môme propulsé par la trouille et l'adrénaline.

Nous nous rendons au poste de police d'El Monte. Nous parlons au chef Wayne Clayton et à son adjoint Bill Ankeny.

Ils se souviennent de l'affaire Scales. Ankeny affirme que leur premier suspect probable a été le mari. Il ne se souvient pas du môme ni de l'obsédé des laveries. Clayton ajoute qu'ils ont coincé un violeur à peu près à la même époque. Un Latino avait attaqué une fille près des voies ferrées. Un témoin lui a fait peur au moment où il forçait la fille à se déshabiller. Il a été interrogé et mis hors de cause pour le meurtre de Betty Scales.

Clayton dit qu'il nous aidera autant qu'il le pourra. Nous restons un moment devant la porte de son bureau à bavarder. Je regarde l'autre bout du couloir. Mon esprit vagabonde. La première fois que je suis passé dans ce couloir, c'était en juin 1958. Trente-neuf ans ont passé. À l'approche de la cinquantaine, mon obsession et mon appétit sont toujours là.

Bill et moi nous rendons au bureau du sergent Tom Armstrong. Armstrong dirige l'unité des affaires internes de la police d'El Monte. Il travaille dans un bâtiment annexe des locaux de la police.

Bill lui expose l'affaire Scales. Armstrong se focalise sur le môme. Il dit qu'il va demander un rapport complet sur son compte. Bill insiste : ce rapport doit être aussi complet que possible, c'est essentiel. Il faut que nous apprenions à le connaître avant de partir à sa recherche.

Bill s'empare du téléphone d'Armstrong et appelle Joe Walker. Joe est criminologue. Il connaît les systèmes de recherche par ordinateur. Il nous a aidés à retrouver certaines personnes lors de l'enquête sur ma mère.

Bill lui donne des détails sur le môme. Joe déclare qu'il le retrouvera – mort ou vif.

Nous nous rendons au siège de la brigade criminelle. Bill donne le nom de William Davis Scales au service des immatriculations. Réponse positive. Scales a aujourd'hui cinquante et un ans. Il vit à Rancho Cucamonga.

C'est tout près. En ligne droite par la vallée de San Gabriel.

Bill affirme que les gens de la vallée ne s'en éloignent jamais beaucoup. Je lui réponds que la vallée est une putain de condamnation à perpétuité. « Oui, pour vous », commente Bill.

Le dépôt des pièces à conviction est mitoyen avec l'école de police. Des sacs renfermant divers objets sont rangés sur des étagères qui s'empilent jusqu'à 7 m 50 de haut. Le dépôt ressemble à un hangar pour avion. Deux douzaines d'étagères occupent la majeure partie de la surface au sol. Les techniciens y accèdent à l'aide de chariots élévateurs.

C'est ma seconde visite. La première fois, j'étais

venu voir les pièces à conviction relatives à l'assassinat de ma mère.

J'avais touché le bas et la cordelette de coton qui l'ont tuée. J'avais enfoui mon visage dans la robe qu'elle portait au moment de sa mort et j'avais capté un vestige de son parfum.

Bill demande les pièces de l'affaire Scales. Un technicien trouve le sac. Nous l'examinons dans une petite pièce attenante.

Le pull rose et rouge, la culotte, le soutien-gorge. Chaque vêtement dans une enveloppe individuelle.

Bill remplit un formulaire de transfert et dépose les objets dans un carton. Je n'y touche pas. Ils semblent de qualité médiocre, comme ces articles qu'on achète par correspondance. Ils sentent la poussière et le tissu synthétique qui a mal vieilli.

Nous apportons le carton au laboratoire de l'Identité de la police du comté. Une sérologiste nommée Valorie Scherr enregistre leur dépôt. Elle nous explique l'ADN de façon extrêmement précise et remarquablement soporifique.

Scherr nous annonce que l'examen préliminaire prendra une dizaine de jours. Il faut d'abord identifier le sperme ou les autres fluides. La quantité importe peu. On peut déterminer une empreinte génétique à partir d'une seule cellule. Un facteur de dissipation risque d'intervenir. L'événement s'est produit il y a vingt-quatre ans. Les taches ont pu s'éroder pendant le stockage.

Scherr donne à Bill huit Coton-tige et des tubes pour les transporter. Elle lui explique qu'il devra demander au mari de se frotter vigoureusement l'intérieur de la bouche.

Elle lui conseille une procédure à suivre par mesure de précaution.

Il est possible que le laboratoire ne puisse isoler un échantillon valable des cellules de la victime. Bill devrait tenter de retrouver les parents de celle-ci, ou ses frères et sœurs, et opérer sur eux un frottis des muqueuses buccales. Cela faciliterait l'identification de l'ADN de la victime.

Bill rafle le téléphone de Scherr et appelle la brigade criminelle. Un collègue se branche sur l'ordinateur des immatriculations. Il trouve un Bud Bedford. Dernière adresse connue : un parc à caravanes à Fresno.

Bill obtient son numéro grâce au service de renseignements de Fresno. Il appelle Bedford et lui explique ce qu'il cherche. Bedford accepte d'être interrogé. Il dit qu'il consent à un prélèvement de cellules. Il ajoute que son ex-femme vit toujours à Fresno. Il donne son numéro à Bill.

Bill lui téléphone. Elle se déclare prête à coopérer.

Nous en restons là pour aujourd'hui. Je regagne ma chambre d'hôtel et je contemple une photo de Betty Jean qui sourit. J'ai le sentiment qu'à un certain moment de son existence, les choses ont mal tourné pour elle, alors qu'elle n'attendait déjà pas grand-chose de la vie. J'ai envie de savoir où elle en était le soir de sa mort.

Nous frappons à la porte de Bill Scales. Il surgit du passé et nous fait entrer chez lui.

Il est grand, dégingandé, et accuse ses cinquante et un ans. Sa voix est semblable à celle de la cassette, jusqu'à la moindre inflexion.

Bill lui explique notre démarche, en insistant sur le fait qu'il n'est nullement suspect. Scales dit qu'il nous aidera autant qu'il le pourra. Bud Bedford est toujours persuadé que c'est lui qui a fait le coup. Bud a même réussi à en convaincre la propre fille de Bill Scales.

La maison est petite, impeccablement tenue, et contient si peu de meubles qu'elle en paraît austère. Nous prenons place autour de la table du coin-repas.

Scales raconte la nuit du 29 janvier sans qu'on le lui demande. L'espace d'un éclair, son regard se pose sur l'arme de Bill. Son récit coïncide avec celui qui figure sur l'enregistrement du 2 février. Il le poursuit jusqu'au bout, imperturbable. Bill l'interrompt par ses questions. Scales y répond et revient à son compte rendu minimal. Il rampe littéralement devant les représentants de l'autorité. Je sens que c'est une habitude de longue date, chez lui.

Je lui demande :

– Parlez-nous de Betty Jean.

Scales répond que c'était une gourde. Elle était timide, placide et docile. Sa mère passait la moitié de sa vie à faire des séjours en asile psychiatrique. Betty parlait à cent à l'heure, comme une vraie détraquée. Les tâches les plus simples lui posaient des problèmes. Elle ne savait jamais rien faire.

Il a traité froidement sa femme de gourde. Autrefois, je traitais ma mère de pocharde et de traînée de la même façon.

Je n'ai pas besoin de lui demander : « Alors, pourquoi l'avez-vous épousée ? » Scales nous raconte sa vie.

Il a rencontré Betty vers la fin 67. Il habitait à Bell Gardens, et Betty à Downey. Son père avait installé Betty dans un appartement. Un jour, il a trouvé Betty au lit avec un garçon et lui a coupé les vivres brusquement.

Betty allait encore au lycée, à ce moment-là. Bill Scales s'est installé chez elle. Il l'a mise enceinte et ils se sont mariés. Leur fille Leah est née en octobre 1968. Ils se sont installés à El Monte en 71. Scales faisait des courses de motos et posait des matériaux d'isolation. Betty travaillait à la chaîne à l'usine de cosmétiques Avon, et elle a quitté son emploi pour s'occuper de son enfant. Ils ont eu un fils. Il avait trois mois quand Betty est morte. Leah a épousé un type nommé Baker. Ils ont eu deux gosses. Leah est obèse. Elle rend son père et la mort de sa mère responsables de son obésité. Scales a fondé une seconde famille, au sein de laquelle il a élevé Leah et son petit frère. Leah n'a pas apprécié. Les parents de Betty détestaient Scales, et ils encourageaient leur fille à le haïr aussi.

Scales nous dit que son second mariage a été un échec. Il nous donne quelques détails sous forme d'un bref résumé.

Sa franchise est à la fois admirable et terrifiante. Il me semble que, chez cet homme, la maîtrise de ses propres émotions tourne à l'obsession. Il a dû payer cher pour apprendre à se connaître, et ce qu'il sait de lui-même le laisse sans illusions. Il a fait la part du feu, et il vit désormais dans un univers aux frontières rigides. En filigrane, ce qu'il laisse transparaître se résume à son orgueil de mâle et son apitoiement sur son sort.

Il nous communique le numéro de téléphone de sa fille. Il dit qu'il nous donnera un frottis buccal. Il affirme qu'il ne se rappelle plus à quel moment il a fait l'amour avec Betty pour la dernière fois. Elle prenait la pilule. Il n'utilisait pas de préservatifs. Le sperme retrouvé sur sa culotte pourrait se révéler être le sien.

Il ressemble à un paysan venu de l'Oklahoma et parle un langage châtié. Il s'emploie à faire oublier ses racines à chaque fois qu'il ouvre la bouche.

Il ajoute que Bud Bedford lui a collé un détective privé au train en 73. Le type l'a suivi jusqu'à Temecula, où Scales travaillait sur un chantier.

Bill demande :

– Comment s'entendaient Bud et Betty ?

– Pas bien, répond Scales.

Le frère de Betty a même dit que le père et la fille étaient à couteaux tirés, juste avant la mort de celle-ci.

– Où se trouve le frère, à présent ? s'enquiert Bill.

– Il est mort du sida, répond Scales.

Nous frappons à la porte de Leah Scales Baker. Elle nous fait entrer et s'assied entre nous deux sur un canapé.

L'appartement est petit et encombré de meubles. J'entends des enfants jouer dans les chambres. Le mari est assis sur le plancher du salon. Il assiste à l'entretien.

Leah Baker était préparée à notre venue. Bill l'a appelée au préalable pour lui expliquer notre démarche.

Bill me présente. Je souris. Je précise que ma propre mère a été victime d'un assassinat. Ma remarque tombe à plat. Leah Baker me regarde sans me voir. Elle dit que la mort de sa mère a détruit sa vie.

Bill lui demande si elle se rappelle sa mère. Leah répond qu'elle n'en a pratiquement aucun souvenir. Bill lui explique en quoi consiste la recherche d'empreinte génétique par analyse de l'ADN, et il ajoute que nous avons un suspect probable. Leah embraye en nous parlant de son père.

Il était mesquin. Il était méchant. Il la rabaissait toujours devant sa famille. Elle s'enfermait dans les armoires et se goinfrait de biscuits pour le contrarier.

Bill rappelle que Scales a été mis hors de cause en 73 et qu'il n'est plus suspect aujourd'hui. Leah dit qu'elle fait des cauchemars. Elle y voit son père frapper une personne qui n'a pas de visage. Elle le regarde faire. Elle porte une chemise de nuit blanche. Son grand-père lui a dit qu'elle portait, quand elle était enfant, une chemise de nuit semblable.

Bill lui demande :

– Votre père vous battait ?

– Peut-être, répond Leah.

Elle a des trous de mémoire. Il y a des pans entiers de sa jeunesse dont elle ne garde aucun souvenir.

Bill tente de lui poser toute une série de questions. Leah continue de parler sans l'écouter.

Son père la rabaissait. Sa belle-mère et son demi-frère la taquinaient. Ils plaisantaient sur son obésité pour qu'elle réagisse, pour qu'elle essaie de maigrir. Mais elle est restée grosse de toute façon.

Bill lui demande si elle aimerait que le meurtrier

de sa mère soit enfin découvert. Leah recommence à accabler son père. Bill se tait. Moi aussi. Le fait d'être une victime pousse les gens à exploiter la situation et à en explorer tous les aspects. Aimez l'être que vous avez perdu seulement s'il le mérite.

Connaissez vos morts. Apprenez de quelle façon vous leur ressemblez, et comment vous vous en distinguez.

Leah dit que le suspect numéro un, c'est son père. Pendant des années, elle n'a pas su que sa mère avait été assassinée. Son père le lui avait caché. C'est louche. Cela veut dire qu'il avait des choses à se reprocher. Son grand-père lui a raconté qu'il avait vu l'appartement le lendemain de la disparition de sa mère. C'était un vrai bazar. Il y avait des vêtements qui traînaient partout. Son petit frère était assis dans une mare d'urine.

Bill intervient :

– Votre père a subi avec succès le test du détecteur de mensonges.

Leah hausse les épaules.

Je lui demande de qui elle tient ses informations.

– De mon grand-père, répond-elle.

Je lui demande si elle a jamais lu les comptes rendus parus dans les journaux.

Leah me répond que non.

Bill m'adresse un regard qui signifie : « D'autres questions ? » Je secoue la tête.

Bill remercie Leah. J'ajoute que nous allons peut-être trouver la clé du mystère. Que cela pourrait l'aider à remettre de l'ordre dans sa vie.

Leah me regarde sans me voir.

Je dépose Bill chez lui et je regagne mon hôtel. Je m'étends sur mon lit et j'éteins la lumière. Je me débarrasse de leurs noms de femmes mariées et je m'intéresse à Betty Bedford et à Geneva Hilliker.

Qui ne sont pas des doubles. Ni des jumelles symbiotiques. Mais des personnalités peu conciliables, des natures opposées.

Ma mère buvait du bourbon Early Times. Elle se faisait sauter par des minables, et les jetait quand elle s'en lassait ou qu'ils menaçaient sa solitude. Elle s'est retrouvée enceinte en 39 et a avorté. Quand j'étais gosse, elle m'a fait avaler de force l'alphabet et les principes de l'église luthérienne. En atteignant l'âge mûr, je lui en ai été reconnaissant.

Betty ne maîtrisait pas les événements, elle butait dedans. Ma mère se cachait à El Monte. Elle vivait pour réaliser les rêves et les espoirs insensés que nourrissent les femmes belles et intelligentes. Betty se cachait à El Monte. C'était un endroit commode pour vivre en faisant semblant de croire que l'existence est un lit de roses.

Deux « Jean ».

Ma mère fit ses études d'infirmière et abrégea son prénom, « Geneva », en « Jean ». Elle avait dix-neuf ans. C'était en 1934.

Elle savait anéantir un homme d'un seul regard ou d'un mot féroce. Sans en avoir conscience, elle voulait faire l'amour en imposant ses propres conditions. Elle savait dire non.

Le soir de sa mort, elle a dit oui, non, ou peut-être.

Elle n'a pas senti le danger. Elle aurait pu quitter le restaurant à pied. Elle avait le choix, ce qui n'était pas le cas de Betty Jean. Son inconscience la rendait passivement complice. Betty Jean s'est rendue au drugstore pour acheter de la bouillie. Elle est morte dix-neuf ans plus jeune que ma mère.

Je veux découvrir le salopard qui l'a tuée, et lui en faire baver.

Bill m'appelle aux premières heures de la matinée. Il me dit qu'il vient de passer trois coups de téléphone. Il a parlé à Tom Armstrong, à Joe Walker et à Lee Koury.

Ils ont retrouvé la trace du môme. Il purge une peine de prison. Libéré sur parole en 75, il est resté deux ans en liberté, avant de retomber pour une nouvelle affaire de viol.

DE PLUS :

Selon Koury, le môme a pratiquement avoué le meurtre de Betty Jean. Cela a failli lui échapper au cours du test du détecteur de mensonges. Il a dit : « Mon père a des problèmes cardiaques. Cette histoire le tuerait sûrement. »

4

Selon Koury, le môme avait pratiquement avoué le meurtre de Betty Jean en 73. Cela a failli lui échapper au cours du test du détecteur de mensonges. Il a dit : « Mon père a des problèmes cardiaques. Cette histoire le tuerait sûrement. »

Je ressasse ces phrases dans ma tête de Los

Angeles jusqu'à Fresno. Koury et Meyers voyaient bien le môme en coupable de l'assassinat de Betty Scales. Le « môme » a quarante-deux ans, aujourd'hui. Il est en détention à la California Men's Colony. Il est tombé pour rapt et viol à Bakersfield. Tom Armstrong vient de recevoir un rapport détaillé.

Bakersfield est à cent soixante kilomètres de Fresno. Bill est originaire de Fresno. Les parents de Betty Jean vivent à Fresno.

Nous nous y rendons dans la voiture de Bill. Nous emmenons le père de Bill avec nous. Angus Stoner a 86 ans. Il connaît le comté de Kern, qui est tout nouveau pour moi.

Des champs de terre nue et des villes entières de cahutes minables. Du vent, de la poussière, et un grand ciel vide.

Angus nous fournit le commentaire touristique. Il nous signale les vergers, il identifie les machines agricoles. Il nous raconte sa vie de trimardeur, dans les années trente.

Il ramassait des noix et des grappes de raisin. Il dormait dans des wagons de marchandises. Il sautait des femmes par dizaines. Il faisait des ravages dans le sous-prolétariat. À cette époque, on trouvait des homos parmi les itinérants. Ils couraient tous après son joli petit cul. Il leur a botté le train comme il fallait.

Bill se marre, et moi aussi. Bill surnomme le comté de Kern : « El Monte Nord. » Moi, je baptise le bled : « Pine-de-Klebs, Égypte. » Nous sommes des rescapés de la pouillerie blanche. Le désordre et la pauvreté nous terrifient. Nous la dénigrons avec la liberté que nous permet notre statut de rescapés. Nous sommes comme ces Noirs qui, entre eux, se traitent de « nègres ».

Le môme a fait de la détention dans un centre pour jeunes délinquants, puis il a été libéré sur parole. Il a quitté la vallée de San Gabriel. Il est retombé pour viol, ici, dans le comté de Kern.

Nous atteignons Fresno à l'heure du dîner. Il est trop tard pour rendre visite aux parents de Betty. Nous prenons trois chambres d'hôtel et nous dînons dans une cafétéria à l'enseigne d'une chaîne de restauration. Angus reprend son documentaire. J'y prête une oreille distraite. Dans mon cerveau, j'ai le môme en ligne de mire.

Bud Bedford habite dans un parc à caravanes coincé entre deux rampes d'accès à l'autoroute. Sa caravane est petite et crasseuse, à l'intérieur comme à l'extérieur.

Il vit avec une compagne de longue date et un petit chien aux yeux protubérants. Le chien se perche sur les genoux de la dame et montre les dents à Bill. Pendant tout l'entretien, il gardera les yeux braqués sur lui, en émettant un grondement sourd.

Bill et moi sommes assis de part et d'autre de Bud Bedford. Bill lui présente l'enquête en cours, en affirmant clairement que le mari de Betty, Bill Scales, est hors de cause. Bud Bedford regarde dans le vide. Il tète un bout de cigare et aspire la fumée à fond. Sa compagne le regarde. Le chien regarde Bill.

Bedford a soixante-dix et quelques années. Ses

mains se contractent nerveusement. De temps à autre, un tic crispe son visage. Il paraît fragile et profondément négatif. Une bonne bouffée de fumée de cigare risquerait de l'anéantir.

Il ne manifeste aucune réaction visible à l'exposé de Bill.

Je lui demande de me parler de Betty Jean.

– C'était une brave fille et une bonne mère de famille, dit Bedford.

– Qu'est-ce que vous pouvez nous dire d'autre ?

– Elle n'aurait jamais dû fréquenter ce Bill Scales.

Je bats en retraite. Mes questions ne me mènent nulle part. J'espérais des réponses perspicaces et passionnées. Je voulais savoir si Betty Jean existait toujours dans l'esprit de son père, et s'il luttait pour lui garder sa place.

Bill prend le relais. Il pose des questions précises et laisse Bedford radoter. Je tends l'oreille, guettant des preuves d'amour paternel dans tout ce fatras.

Bedford s'est séparé de la mère de Betty quand la petite avait huit ou neuf ans. Il y a eu de rudes batailles pour obtenir le droit de garde. C'est sa mère qui a eu Betty la première, puis elle a vécu chez Bedford. Bill Scales a épousé Betty. Bill était un bon à rien. Il craignait que Bud obtienne la garde des enfants qu'il a eus avec Betty. Il les a cachés chez sa sœur, pour que Bud ne puisse pas les voir. Bud a engagé un détective privé. Il voulait avoir des preuves contre Bill Scales. Le détective a infiltré un gang de motards avec qui Scales faisait, paraît-il, des virées. Bud lui a versé 500 dollars. Le type a empoché l'argent et ne lui a jamais fourni le moindre renseignement.

Scales n'avait rien d'un hors-la-loi en Harley. C'était un passionné de moto qui participait à des compétitions pour amateurs.

Le monologue épuise Bedford. Sa voix se brise à plusieurs reprises. Je ne sais pas s'il lutte contre l'émotion ou contre la fatigue. Je ne sais pas s'il revit la perte de sa fille ou ses années de vache enragée.

Je ne mets pas sur le tapis le meurtre de ma mère. J'essaie de me mettre dans la peau de la fille de Betty Jean et cela ne me mène nulle part. Cet entretien ne va nulle part. Je n'ai pas envie qu'on tourne en rond.

Bud Bedford déteste Bill Scales. Cela ressemble à un différend autour d'une histoire de propriété. Bedford a cédé sa fille à un homme qu'il soupçonne de l'avoir tuée ou de l'avoir laissée mourir. Infractions au code de la propriété. Bud a installé Betty dans un appartement, et a cessé de payer le loyer quand il l'a surprise au lit avec un type. C'est à partir de ce moment que Scales l'a prise en charge.

Bill sort ses Coton-tige, et il explique la procédure. Bud Bedford pose son cigare, se rince la bouche avec un verre d'eau. Il prend un bâtonnet et le passe consciencieusement sur ses gencives.

Je remercie les Bedford et me dirige vers la porte. Le chien gronde en me suivant des yeux.

La mère de Betty s'appelle Lavada Emogene Nella. Elle vit dans une maison de retraite, dans un quartier de Fresno pour les classes moyennes.

Bill a annoncé notre visite. Mme Nella et sa tutrice nous reçoivent. Nous prenons place dans le salon. Des vieillards équipés de déambulateurs passent en traînant les pieds.

Mme Nella est séduisante et tirée à quatre épingles. Comparée à la moyenne des pensionnaires, elle est jeune et en bonne santé.

Ce sont ses yeux qui trahissent son état mental. Son regard bondit d'un objet à un autre, se fixe sur des cibles immobiles, et se vide de toute expression dès qu'ils croise le vôtre.

Je lui demande :

– Parlez-nous de Betty Jean.

Mme Nella dit que sa fille était un « moulin à paroles », une « pantouflarde », et une « bonne nature » qui « ne désirait rien d'autre que d'être une bonne épouse et une bonne mère de famille. » Betty Jean avait tendance à se laisser facilement déborder. Elle comptait sur les autres pour prendre des décisions.

Bill fait allusion au mariage de Betty. Mme Nella dit que pour sa fille, la vie en couple n'a pas été facile. Scales était froid et tyrannique.

Bill parle de violences physiques. La fille de Betty Jean a décrit son père comme brutal et dominateur. Cette accusation revenait sans cesse dans son entretien.

Mme Nella dément. Scales n'avait pas besoin de frapper. Il avait Betty Jean à sa botte sans avoir recours à la violence. Il manipulait Betty parce qu'il savait à quel point elle tenait à lui.

J'ajoute :

– Ce n'est pas lui qui l'a tuée.

– Oh, je le savais, dit Mme Nella. La police l'a mis hors de cause à l'époque.

Bill annonce que nous avons trouvé un suspect

probable, à présent. Il est possible que l'on arrive à résoudre officiellement l'affaire.

Le visage de Mme Nella s'éclaire. Son regard devient net.

Sa tutrice me montre quelques coupures de presse. Je lis un article du *L.A. Times* de mars 1973. Il décrit la montée de la vague de criminalité à El Monte. Conclusion ironique : l'affaire Scales est le premier meurtre non élucidé depuis « Jean Elroy en 1956 ».

Ils ont mal orthographié le nom de ma mère. Ils se sont trompés sur la date. Cela me rend furieux, alors qu'il n'y a pas de quoi.

Mme Nella nous donne un frottis buccal. Elle nous apprend qu'elle n'a jamais pu faire ses adieux à Betty. La police a dit que la décomposition était bien trop avancée.

Nous retournons à El Monte. Tom Armstrong s'est procuré le dossier du môme auprès de la police de Bakersfield, et il nous le confie.

Le môme s'appelle Robert Leroy Polete Jr. Son nom de famille se prononce « po – lè ». Il a épousé une certaine Vonnie en avril 1976. Il a été incorporé dans la Marine nationale en septembre 1976. Il a fait ses classes, puis il a été affecté à la base aéronavale de Lemoore, en Californie. Lemoore est proche de Bakersfield et de Fresno.

Polete est arrêté le 8 février 77. Les motifs :

CRIME, SUR QUATRE CHEFS D'ACCUSATION, À SAVOIR : VIOL (Art. 261 du code pénal) ; ENLÈVEMENT (Art. 209) ; VOL (Art. 211) ; COÏT BUCCAL (Art. 288 A).

Le 4 février 77 :

Polete quitte la base de Lemoore. Son intention : rendre visite à sa femme à Hacienda Heights, dans la vallée de San Gabriel.

Polete a 5 dollars en poche. Cela ne lui permet même pas de quitter le comté de Kern. Il achète un billet d'autocar à 4 dollars. Il arrive à Bakersfield à 20 h 25.

Il ne sait pas quoi faire. Il a envie de voir sa femme. Elle est sur le point d'être expulsée de son appartement. Polete en a gros sur le cœur. L'armée aurait dû le muter à Los Angeles.

Polete traîne à la gare routière. Il envisage de voler un sac à main, puis y renonce. S'il s'empare d'un sac à la gare routière et achète un billet avec l'argent qu'il trouvera dedans, les flics le coinceront tout de suite.

Il quitte la gare. Il longe à pied le bâtiment de la compagnie de téléphone du Pacifique. Il repère une femme. Il la suit jusqu'à sa voiture, une Honda Civic de 74.

La femme monte dans sa voiture et démarre. La portière, du côté conducteur, n'est pas verrouillée. Polete l'ouvre. Il plaque un couteau sur le cou de la femme et lui dit :

– Pousse-toi, ou t'es morte.

La victime lui répond :

– Vous pouvez prendre ma voiture si vous me laissez sortir.

Polete rétorque :

– Pas d'insolence !

La victime se glisse sur le siège du passager.

Polete prend le volant et parcourt une courte distance en direction du nord-ouest. Il entre sur un parking et arrête la voiture. Il ordonne à la victime de passer à l'arrière et de se déshabiller.

La victime obéit. Polete lui dit de s'allonger à plat ventre. Elle obtempère. Polete lui noue les poignets derrière le dos, à l'aide de son soutien-gorge, de sa culotte, et d'un soutien-gorge de maillot de bain.

Polete ordonne à la victime de se retourner et de s'asseoir. Elle s'exécute. Polete passe à l'arrière. Il embrasse la jeune femme et lui caresse le sexe. Il lui enfonce deux doigts dans le vagin, puis se met les deux doigts en question dans la bouche.

Il pratique un cunnilingus sur la victime. Il la viole. Il s'essuie la verge sur les vêtements de la jeune femme.

Il fouille son sac à main. Il trouve 7 dollars en pièces. Il commente : « Eh bien, on peut dire que t'es riche. » La victime dit qu'elle a encore six dollars en billets.

Polete lui vole son argent. Il reprend le volant et conduit la voiture jusqu'à un champ plongé dans l'obscurité, auquel il accède en quittant l'autoroute de Rosedale. Il fait parcourir à la victime soixante mètres en plein champ et lui ordonne de s'asseoir. Elle obéit. Polete éparpille ses vêtements hors de son champ de vision.

Il dit à la victime de ne pas bouger avant une dizaine de minutes. Il ajoute : « Je sais où te trouver. » Il lui conseille de ne pas appeler les flics – parce qu'il connaît son identité, et qu'il a des amis qui lui régleront son compte s'il a le moindre ennui.

Il ajoute qu'il abandonnera la voiture à Fresno. S'il lui arrive quoi que ce soit, à lui, ou à la voiture, son assurance se chargera des frais. Il conclut : « Je regrette, mais je n'ai pas pu m'empêcher de faire ce que j'ai fait. On m'a beaucoup maltraité quand j'étais jeune. »

Polete s'en va au volant de la Honda. La victime retrouve ses vêtements et se rend à pied jusqu'à une station-service. Elle appelle son père. Son père prévient la police de Bakersfield et signale l'agression.

Polete regagne Hacienda Heights en voiture. Il passe le week-end avec sa femme. Il rentre à la base de Lemoore tôt dans la soirée de dimanche.

Mardi 8 février 77 :

Polete appelle la mère de la victime – en PCV. Il se sert du téléphone de son bureau.

La mère de la victime refuse de prendre l'appel. Polete lui communique un numéro où on peut le joindre et se présente comme étant « l'officier de sécurité Johnson ». Il dit qu'il a des informations au sujet de la voiture de sa fille.

Polete raccroche. La mère appelle sa fille. Celle-ci prévient la police de Bakersfield. Elle parle à l'inspecteur J.D. Jackson. Elle lui dit qu'un certain « officier de sécurité Johnson » a téléphoné à sa mère. L'homme a laissé entendre que la Honda se trouvait quelque part à la base aéronavale de Lemoore. Il a laissé un numéro : 209-998-9827.

L'inspecteur Jackson compose le numéro. C'est Polete qui lui répond. Jackson lui demande ce qu'est devenue la voiture. Polete répond que c'est Johnson qui s'en occupe. Jackson dit qu'il aimerait lui parler.

Polete prétend que Johnson est sorti. Jackson lui dit de veiller sur la voiture. Polete affirme qu'il s'en chargera.

Jackson s'adresse à son supérieur hiérarchique. Ils ont une piste pour retrouver la voiture volée dans l'affaire de viol du 4 février. L'inspecteur principal appelle la base de Lemoore. Il prend contact avec le chef de la sécurité. Celui-ci lui explique que le seconde classe R.L. Polete lui a raconté l'histoire suivante :

Dimanche dernier, dans la soirée, Polete faisait du stop pour rentrer à la base. Un homme en Honda Civic s'est arrêté pour le prendre. L'homme a sorti un couteau. Il a dit à Polete qu'il avait volé cette voiture à une femme, à Bakersfield. Il lui a demandé d'appeler cette femme mardi et de faire en sorte qu'elle récupère sa voiture.

Polete a renâclé. L'homme lui a donné un numéro de téléphone : celui de la mère de la propriétaire du véhicule. Puis il a volé les papiers d'identité de Polete. Ils comportaient son adresse à Hacienda Heights. L'homme lui a conseillé de faire ce qu'il lui demandait – sinon, sa femme aurait des problèmes.

L'inspecteur Jackson et l'inspecteur J.L. Wheldon se rendent à Lemoore. Ils interrogent le seconde classe Polete. Il ressemble beaucoup au signalement donné par la victime. Polete leur répète son histoire d'auto-stop. Jackson et Wheldon y décèlent des invraisemblances. Ils informent Polete de ses droits. Polete se met à sangloter. Il avoue que c'est lui qui a volé la Honda. Il fait un compte rendu des événements qui ont précédé le vol du véhicule.

Ce que dit le rapport de la police de Bakersfield :

Polete déclare qu'il devait aller voir sa femme. Il avait besoin d'argent pour acheter son billet de car. Il était coincé à Bakersfield. Il a pensé voler un sac à main.

Il a vu une jeune femme au volant de sa voiture. Il a sorti un couteau et il a sauté dans le véhicule. Il a annoncé ses intentions : déposer la jeune femme dans un endroit sûr et s'enfuir avec la voiture.

Il a démarré. Polete affirme que la jeune femme lui a fait des avances. Elle lui a caressé la cuisse près de l'entrejambe. Il a dit : « Ne faites pas ça. Je suis marié. Tout ce que je veux, c'est la voiture. »

La jeune femme a dit : « Si vous devez prendre la voiture, vous feriez aussi bien de prendre tout le reste avec. » Elle a recommencé à le caresser. Elle a ajouté : « Garons-nous quelque part. On passera sur le siège arrière et on fera l'amour. »

Polete a dit qu'il voudrait bien, « si elle promettait de le laisser tranquille après. » La jeune femme est passée à l'arrière et a ôté tous ses vêtements. Ils se sont garés dans un champ, dans le noir.

La jeune femme l'a attiré sur la banquette. Elle a commencé à l'embrasser. Elle lui a demandé de lui faire un cunnilingus. Polete a refusé. Elle lui a dit qu'elle ne le forcerait pas.

Ils ont eu un rapport sexuel. Polete est repassé sur le siège avant. La jeune femme lui a rappelé : « Tu m'as dit que tu me déposerais quelque part. Allons-y. »

Polete a laissé la jeune femme de l'autre côté de l'autoroute. Il a trouvé 5 dollars sur le plancher de la voiture et les a ramassés. Il a poursuivi sa route jusqu'à Hacienda Heights.

Jackson et Wheldon arrêtent Polete sur quatre chefs d'accusation, correspondant aux articles 261, 209, 211 et 288 A du code pénal. La victime passe en revue des photos d'identité judiciaire, et elle reconnaît Polete. Jackson et Wheldon obtiennent un mandat de perquisition et vont fouiller l'armoire de Polete à la base militaire. Ils trouvent les vêtements que Polete, selon la victime, portait le jour de l'agression.

L'audition préliminaire a lieu le 1er mars 77. Polete devra finalement répondre des chefs d'accusation 261 et 209 – viol et enlèvement.

Il passe en jugement le 5 juillet 77. Il plaide coupable, sur les conseils de son avocat. Celui-ci espère le faire reconnaître comme criminel sexuel souffrant de troubles mentaux, et le faire interner dans un hôpital de l'état.

L'avocat a mal calculé son coup.

Le juge inflige à Polete la peine maximale. Deux condamnations prévues par la loi – à purger consécutivement. La transcription du procès reproduit sa conclusion :

« Il me semble qu'il représente une menace grave pour les gens de cette communauté, ou de toute autre communauté au sein de laquelle il vivrait. Je veux m'assurer qu'il ne ressorte pas de prison avant très, très longtemps. »

Je feuillette le reste du dossier. Polete s'est vu refuser une libération sur parole en 83, 92, 93, 94 et 96.

Trois ans de détention et la perpétuité. Deux

peines consécutives. Vingt ans et quatre mois derrière les barreaux. On ne sait pas pourquoi la libération conditionnelle lui a été refusée.

J'en discute avec Bill. Son opinion : Polete a fait l'imbécile pendant sa détention, ou bien il est vraiment psychopathe et il n'a pas été capable de berner la commission de libération sur parole.

Il est enfermé dans un pénitencier. Il ne risque pas de faire de mal à une femme, là-bas.

Ce n'est pas suffisant. Il doit repasser devant la commission de libération vers la fin de l'année 98.

Le prétest d'ADN est un échec. On a trouvé du sang sur le pull de Betty Jean, mais pas de sperme sur sa culotte. L'étape suivante : chercher des traces de sperme sur les autres vêtements de la victime.

Ce résultat contrecarre le plan d'attaque de Bill. Il lui faut une tache de sperme certifiée telle. Le labo pourrait alors la comparer à l'ADN de Bill Scales. Un résultat négatif indiquerait une émission de sperme non identifiée. Bill pourrait arguer de cette conclusion pour demander une commission rogatoire. Cette commission lui donnerait pouvoir d'opérer un prélèvement de liquide sur la personne de Robert Leroy Polete.

Nous envisageons les diverses possibilités. Bill conclut qu'elles se résument à une discussion face à face. Il va interroger Polete.

Nous nous replongeons dans le dossier. Nous voulons être sûrs de ne pas avoir négligé le moindre détail. Nous en extrayons des feuilles éparses qui comportent des noms sur lesquels nous ne savons encore rien. L'un d'eux nous apporte du nouveau.

John Fentress a fait de la moto avec Bill Scales. Il s'est engagé dans la police d'El Monte en 73. Sa femme connaissait Betty Jean.

Nous le rencontrons au poste de police d'El Monte. Je lui demande :

– Parlez-nous de Betty Jean.

Fentress dit qu'elle était bavarde et pas très vive mentalement. Elle était éperdument amoureuse de Bill Scales. Son mari, c'était le patron. Betty se conformait au programme que Bill avait établi.

Pour Betty, la vie en couple n'était pas facile. Mais Fentress doute fort que Scales l'ait jamais battue.

Bill et moi nous replongeons dans le dossier. Nous passons en revue les indices concrets et nous formulons une hypothèse qui puisse reconstruire le crime.

Des taches de sang sur le siège de la camionnette. Des gouttelettes et des traînées qui sont inconciliables avec les blessures majeures que la victime a reçues à la tête. Conclusion possible : Polete ou l'agresseur inconnu n'a pas transporté le cadavre jusqu'aux gravières. S'il avait parcouru une distance importante avec le corps à côté de lui, le siège aurait été trempé de sang. Le meurtre a été commis dans la camionnette.

Il a enlevé Betty. Il s'est emparé du véhicule. Il a emmené la jeune femme aux gravières. Il l'a agressée, l'a assassinée sur place, et s'est débarrassé du corps aussitôt.

Hypothèse :

Elle est nue. Il la viole sur le siège. Il lui ordonne de descendre de la camionnette. Elle refuse. Elle pense qu'il va l'emmener quelque part et la tuer.

Il est debout à l'extérieur du véhicule. Il s'empare de l'agrafeuse. Il tente d'extirper la victime de la cabine. Elle résiste. Elle a le visage tourné vers le sol. Il la frappe derrière la tête et lui défonce le crâne.

Il sort le corps de la camionnette. Sa tête frôle le dossier du siège et la portière et laisse des traînées de sang. Il la jette au fond d'une fosse.

Une hypothèse qui tient debout. En accord avec certains aspects de la façon dont Polete procède. Valable pour d'autres suspects encore inconnus.

Bill appelle la prison. Il organise un interrogatoire de Robert Leroy Polete. Je sens l'affaire obliquer vers un cul-de-sac métaphysique.

Je connais intimement cette phase statique. Elle définit l'assassinat de ma mère.

Savoir, ça ne veut pas dire être capable de prouver. Les souvenirs erronés génèrent les informations fausses. Les échafaudages hypothétiques imposent de la logique au chaos des événements, et sont rarement confirmés par les témoignages de première main. Certains indices s'égarent. Des témoins meurent. Leurs héritiers modifient leur version et la racontent de façon inexacte. Une opinion consensuelle est rarement synonyme de vérité. Le passage du temps et la perpétration de nouvelles horreurs estompent la réaction des gens aux horreurs anciennes. Les victimes ne sont définies qu'en tant que victimes.

J'ai eu la possibilité d'analyser ce qui faisait de ma mère une victime. J'ai rassemblé un éventail ambigu d'informations et je les ai passées au crible de mes réminiscences, et de mon désir de m'approprier la personne qu'elle était pour mieux la connaître. J'avais des souvenirs et ma perception personnelle pour me guider. Mes témoins m'ont fourni des points de vue variés. J'ai pu les infirmer ou les confirmer en connaissance de cause. J'ai pu établir dans quelle mesure son désir de liberté a causé des ravages et fait couler l'encre qui a signé son propre arrêt de mort.

La mort de Betty, par contre, défie l'analyse. Les témoins la décrivent sans ambiguïté. À contrecœur, j'accepte leur consensus. J'ai envie de découvrir sur Betty des faits nouveaux et singuliers, et de porter à son actif une certaine témérité, ou une vie mentale secrète. Non que je désire la façonner à l'image de ma mère, ou de faire d'elle autre chose que ce qu'elle était. Je cherche simplement la preuve qu'elle a vécu plus intensément. Je le souhaite pour elle.

Le cul-de-sac métaphysique a annihilé mes chances de découvrir l'assassin de ma mère. Jamais nous n'avons approché un suspect en chair et en os.

Pour Betty, nous avons un suspect, à présent. Un suspect vivant. Nous savons qu'il a pu commettre ce meurtre, et il nous reste une chance de le prouver.

5

Jeudi 20 novembre 97, 10 h 20 :

La California Men's Colony, le pénitencier de San Luis Obispo. Le sergent Bill Stoner, représentant la brigade criminelle du comté. L'inspecteur Gary Walker, représentant la police d'El Monte. Le suspect : le détenu Robert Leroy Polete Jr., matricule B84688.

L'interrogatoire a lieu dans un petit bureau de l'administration pénitentiaire. Une fenêtre donne sur la cour de la prison. Bill Stoner est installé derrière un bureau. Le détenu Polete est assis dans un fauteuil, juste en face de lui. Gary Walker a pris un siège à côté du bureau, et regarde Polete en diagonale.

La première impression que Bill Stoner a du détenu Polete :

« Il semble avachi. Il pèse une quinzaine de kilos de plus que lors de son arrestation en 73. Il a pris de la brioche, et ses muscles manquent de tonus. Son front se dégarnit. On dirait un ancien surfer blond qui s'est laissé aller en vieillissant. Il ne paraît absolument pas menaçant. »

Stoner et Walker se présentent. Ils annoncent qu'ils enquêtent sur un meurtre de 1973. Le détenu Polete figurait parmi les suspects, à cette époque. Ils font lecture de ses droits au détenu Polete.

Polete renonce à son droit à demander la présence d'un avocat. Il affirme savoir de quel meurtre il s'agit. Il a subi le test du détecteur de mensonges en 73, et il l'a réussi. On lui a posé plusieurs questions sur l'assassinat de cette femme.

Stoner lui rappelle qu'il n'a *pas* réussi le test. Le résultat fut jugé « peu concluant ».

Le détenu Polete s'explique. Il dit que les flics lui ont posé des questions sur d'autres affaires avant de lui faire passer le test. Il a pris peur, et cela lui a embrouillé les idées. C'est l'affolement et la frustration qui l'ont poussé à dire : « Oui, c'est moi qui l'ai fait. »

Koury et Meyers n'ont jamais affirmé qu'il était tout bonnement passé aux aveux. Selon eux, il était à deux doigts d'avouer quand il a battu en retraite.

« Mon père a des problèmes cardiaques. Cette histoire le tuerait sûrement. »

Le détenu Polete insiste : il a effectivement réussi le test. Stoner lui affirme que non.

L'inspecteur Walker demande au détenu Polete de lui décrire la vie qui était la sienne en 73. Polete répond qu'il travaillait dans l'imprimerie de son père. Ils habitaient derrière l'imprimerie. Lui, son père, sa mère et son petit frère.

Il allait au lycée Sierra Vista. Il jouait des cymbales et du sousaphone dans l'orchestre du lycée. Il fréquentait l'église pentecôtiste de Five Points, à El Monte, et il sortait avec la fille du pasteur. Il travaillait à temps partiel à l'imprimerie C&R.

La deuxième impression que Bill Stoner a du détenu Polete :

« Il commence à s'agiter, parce qu'il comprend qu'on ne va pas lâcher prise si facilement. Sur le plan émotionnel, il fait de plus en plus penser à un adolescent. Il a la personnalité et le comportement d'un môme de dix-sept ans dans le corps d'un homme de quarante-deux ans. »

Le détenu Polete dit que l'analyse de son ADN figure dans son dossier. Elle prouvera que ce n'est pas lui qui a tué cette femme. Il est très péremptoire.

Il ajoute qu'il n'a commis que deux crimes en tout et pour tout. Il avait besoin de se faire remarquer. Il pensait que personne ne s'intéressait à lui.

Stoner lui demande quels sont ces deux crimes

dont il parle. Le détenu Polete mentionne l'affaire de Bakersfield et l'incident avec cette femme qui l'a blessé d'un coup de couteau. Les femmes ne le comprennent pas. Tout ce qu'il demande, c'est qu'on l'aime.

Stoner le contredit. Il lui rappelle qu'il a sodomisé une adolescente le 8 mars 73. L'agression a eu lieu à Baldwin Park. La victime l'a identifié.

Le détenu Polete nie être l'auteur de cette agression. Il prétend que quelqu'un d'autre a avoué ce crime.

Personne d'autre n'a avoué ce crime.

Stoner procède à la lecture d'un rapport de la police de Baldwin Park. Le document est daté du 20 mars 73. Un inspecteur de Baldwin Park déclare :

Robert Leroy Polete a avoué l'enlèvement et le viol du 8 mars 73. Robert Leroy Polete a avoué deux autres tentatives d'enlèvement. Les dates : 16 décembre 72 et 13 mars 73. Il n'a pas été jugé pour ces crimes.

Stoner demande au détenu Polete d'expliquer ce rapport. Polete affirme qu'il n'a pas commis ces crimes. Il est incapable d'expliquer ce rapport.

Stoner lit un rapport de la police du comté, en provenance du poste de Temple City. Il est daté du 25 avril 73. Un inspecteur déclare :

Robert Leroy Polete a dit qu'il avait été victime d'un étourdissement alors qu'il guignait des jeunes femmes au centre commercial, à l'angle de Durfee street et de Peck Road. Quand il a repris ses esprits, il se trouvait à l'imprimerie C&R, un pâté de maisons et demi plus loin, en direction de l'est. Il était en sueur. Il n'avait aucun souvenir de ce qu'il avait fait. Une femme a identifié Robert Leroy Polete. Elle a affirmé à la police que Polete l'avait agressée devant le drugstore Durfee. L'événement s'est produit à 13 h 30 le 23 avril 73.

Stoner demande au détenu Polete d'expliquer ce rapport. Polete dit que les faits rapportés sont faux. Il n'a jamais dit à qui que ce soit qu'il avait eu un étourdissement ce jour-là. Il n'a jamais mis les pieds au Drugstore Durfee.

Stoner lit un rapport de la brigade criminelle du comté, daté du 25 avril 73. L'inspecteur Hal Meyers déclare :

Robert Leroy Polete affirme qu'il souffre d'étourdissements. Il ne se souvient d'aucune des agressions dont il est accusé. À deux reprises, il a brusquement repris conscience de ses actes alors qu'il brutalisait des femmes. Il ajoute qu'il a pu commettre des actes qu'il ne parvient pas à se rappeler.

Stoner demande au détenu Polete d'expliquer ce rapport. Polete soutient qu'il n'a jamais commis de crime pendant ses pertes de conscience. Le seul crime qu'il ait commis quand il était gosse, c'est cette histoire avec la femme qui l'a blessé d'un coup de couteau. Le seul crime qu'il ait commis en tant qu'adulte, c'est cette affaire de Bakersfield.

De plus :

Pour l'affaire de Bakersfield, il a éprouvé des remords et il s'est livré de lui-même en rentrant à la base aéronavale.

Il sait pourquoi il est sujet à des pertes de conscience. C'est à cause de sa colère envers son père. Autrefois, son père le battait à coups de poing et à coups de ceinture.

Il n'était jamais seul au moment de ses pertes de conscience.

Enfin, s'il a avoué plusieurs crimes, c'était seulement pour faire enrager ses parents.

Stoner n'a pas dit : « Vous ne vous êtes jamais livré à la police. » Il n'a pas demandé à Polete comment il savait ce qu'il faisait pendant ses pertes de conscience. Il n'a pas mis en doute son affirmation selon laquelle il n'était « jamais seul » dans ses moments-là. Il a laissé Polete accumuler les mensonges, se réservant le droit de les contredire le moment venu.

Stoner demande au détenu Polete s'il s'entend bien avec les jeunes filles et avec les femmes. Polete répond qu'il n'a aucun problème avec elles. Stoner mentionne une note ancienne figurant dans son dossier. On y lit : Stoner a raconté à un policier qu'à l'école, à l'âge de douze ans, il s'est fait rouer de coups par quatorze gamines de sa classe. Ses problèmes avec les filles viennent de là.

Le détenu Polete affirme qu'il n'a jamais eu de problèmes avec les filles. Il s'est fait rouer de coups par quatorze garçons – pas quatorze filles.

D'autre part :

Il sait pourquoi il a agressé cette femme qui l'a blessé d'un coup de couteau. C'était à un moment où sa mère songeait au suicide. Il était furieux contre elle parce qu'elle voulait l'abandonner. Il ne demandait qu'une chose : qu'une femme l'aime et le prenne dans ses bras.

Et puis, il pouvait expliquer aussi l'affaire de Bakersfield. Il était furieux contre son père. De plus, il avait des problèmes conjugaux. Il voulait prouver qu'il était encore capable d'avoir un rapport sexuel.

La troisième impression que Bill Stoner a du détenu Polete :

« À chaque question, il répond sur le ton de la défensive par un argument à la logique boiteuse. Je ne sais pas s'il croit lui-même à ses mensonges. Avant l'interrogatoire, je me suis procuré les conclusions de ses audiences devant la commission de libération conditionnelle. Polete n'a jamais endossé la responsabilité de son viol de Bakersfield, et il s'est obstiné à affirmer que la victime lui avait fait des avances. Il n'a pas été assez malin pour faire simplement semblant d'avoir des remords afin de sortir de prison. »

Stoner change de registre. Il parle des enfants de Betty Jean. Ils ont grandi sans connaître leur mère.

Le détenu Polete commence à sangloter. Stoner se dit qu'ils touchent peut-être au but. Walker demande à Polete si cela le soulagerait d'avouer.

Le détenu Polete se lève. Il s'essuie les yeux et serre les poings. Il est effrayant à voir.

Il se met à hurler en s'adressant à Stoner et Walker. Il crie qu'il n'a tué personne. Il dit que l'entretien est terminé, à présent.

L'interrogatoire s'achève à 12 h 30.

Bill m'appelle. Il me fait un compte rendu détaillé de l'interrogatoire. Je lui demande si, à son avis, Polete a tué Betty Jean. Il me répond que oui. Et qu'en pense Walker ? La même chose.

Je demande à Bill ce qu'il compte faire ensuite. Il me dit qu'il veut parler à d'autres personnes et confronter Polete à de nouveaux éléments.

Le 1er décembre 97 :

Bill Stoner appelle le poste de police de Beaverton, dans l'Oregon. Il parle au lieutenant Jim Byrd. Le lieutenant Byrd travaillait à El Monte en 1973.

Il se souvient de Robby Polete. Il l'appelle « l'enfant de chœur qui violait des femmes ». Il confirme à Stoner que Polete a reconnu toute la série d'agressions dont il était initialement accusé. Polete a fourni des détails qui ont corroboré ses aveux. Polete a dit qu'il reconnaissait ces crimes parce qu'il les avait commis. Il a tenté d'en rejeter la responsabilité sur ses victimes. Il a prétendu qu'elles lui avaient toutes fait des avances.

Stoner évoque le viol du 8 mars 73. Selon Polete, quelqu'un d'autre que lui a reconnu en être l'auteur.

Le lieutenant Byrd dément. Un autre homme a été arrêté ce soir-là, mais la victime l'a innocenté aussitôt.

Stoner demande pourquoi Polete n'a jamais été inculpé pour les crimes du 8 mars : enlèvement, sodomie, coït buccal.

Le lieutenant Byrd explique que la victime a quitté l'état de Californie. Ses parents ne voulaient pas qu'elle témoigne et qu'elle revive son calvaire devant un tribunal.

Ce n'est pas tout.

Le lieutenant Byrd a assisté à une audition concernant la tentative de viol commise par Polete. Il a observé Polete et son père à l'extérieur du tribunal.

Le père donnait des conseils à son fils. C'est lui qui a suggéré à Robby de prétendre que la jeune femme qui l'a blessé d'un coup de couteau lui avait fait des avances.

Le 2 décembre 97 :

Bill Stoner appelle Roger Kaiser – anciennement de la police de Baldwin Park, aujourd'hui retraité. Kaiser se souvient de Robby Polete et de son père.

Polete Senior était le trésorier du club de base-ball de la catégorie « Benjamin ». Les responsables du club l'avaient accusé de malversations. L'affaire fut réglée au tribunal. Polete Senior fut obligé de restituer les sommes détournées.

Le 4 décembre 97 :

Bill Stoner appelle le directeur des études musicales du secteur scolaire de Baldwin Park. En 1973, cet homme dirigeait l'orchestre du lycée Sierra Vista.

Il se souvient de Robby Polete. Robby était un écervelé sur qui on ne pouvait jamais compter, qui parlait beaucoup mais ne faisait jamais rien. Robby et son frère craignaient beaucoup leur père.

Le 8 décembre 97 :

Gary Walker appelle l'ancien pasteur de l'église pentecôtiste d'El Monte. Le pasteur ne se rappelle pas Robby Polete. Il doute que sa fille soit jamais sortie avec lui.

Walker parle à l'épouse du pasteur. Elle se souvient de Robby Polete et de son frère.

Ils fréquentaient l'église de son mari. Parfois les deux garçons venaient à pied. Parfois, son mari et elle les prenaient dans leur voiture. Le pasteur et sa femme avaient deux filles qui allaient au lycée Sierra Vista, à cette époque. Elles ne voyaient jamais Robby et son frère en dehors de l'église ou du lycée. Oui, elle savait que Robby avait été arrêté en 73. Cela l'avait étonnée. Il ne paraissait pas violent.

Stoner fait des recherches sur la famille de Polete – ses parents, son frère et son ex-femme.

Le père est mort. La mère et le frère vivent dans l'Oregon. Stoner ne retrouve pas la trace de l'ex-épouse de Polete, Vonnie Polete. Il découvre dans les archives de Bakersfield une fiche qui le surprend.

Robert Polete et Vonnie Polete sont incontestablement divorcés. Polete s'est même remarié.

Le 12 août 87 :

Une femme nommée Lori M. Polete écrit au tribunal du comté de Kern. Elle se présente comme l'épouse de Robert L. Polete. Elle réclame une copie de son jugement de 1977.

Elle habitait dans l'Oregon à cette époque.

Bill estime que la mère et le frère peuvent attendre. Il écarte les deux épouses.

Il veut d'abord demander des comptes à Polete.

Jeudi 11 décembre 97 :

La California Men's Colony, le pénitencier de San Luis Obispo. Le sergent Bill Stoner, représentant la brigade criminelle du comté. L'inspecteur Gary Walker, représentant la police d'El Monte. Le suspect : le détenu Robert Leroy Polete Jr., matricule B84688.

L'interrogatoire a lieu dans le bureau de la commission de libération conditionnelle. Stoner et Walker sont assis de chaque côté de la partie allongée d'une table en T. Polete est assis derrière la barre du T.

La première impression que Bill Stoner a du détenu Polete :

« Il a peur, à présent. Mais je sens qu'il est curieux. Il veut savoir ce que nous avons découvert. »

Stoner commence à parler d'une voix calme et mesurée. Il annonce à Polete que son collègue et lui-même ont vérifié ses allégations, concernant les crimes dont il prétend avoir été innocenté. Ils ont parlé à deux inspecteurs de Baldwin Park. Les deux hommes ont déclaré que les allégations de Polete n'étaient pas fondées. La victime du 8 mars a quitté l'état de Californie et renoncé à témoigner. Personne d'autre n'a été arrêté ni condamné pour les crimes commis sur sa personne. Polete a reconnu sa culpabilité en 73. Les deux policiers l'affirment. La tentative de viol du 14 mars est celle qui pourrait le plus facilement donner lieu à un procès. Les affaires des 16 décembre, 13 mars et 23 avril ne sont pas aussi viables. Les procureurs aiment présenter des cas précis. En ce sens, Polete a eu de la chance.

Le détenu Polete dit que l'affaire du 14 mars est bidon. La soi-disant victime est bidon. Il affirme qu'elle était de mèche avec un des flics.

Stoner aborde les prétendues pertes de conscience du détenu Polete. Stoner dit qu'il s'est renseigné sur la jeunesse de Polete et qu'il aimerait revenir sur certaines incohérences.

Le détenu Polete se met dans une colère noire. Il serre les poings et se met à hurler. Il crie que l'interrogatoire est terminé. Ils n'avaient aucun droit d'enquêter sur sa jeunesse.

Et d'ailleurs :

Il a un alibi pour la nuit du meurtre. Il était à une

réunion de la confrérie de l'église. La congrégation tout entière pourra le confirmer.

L'église pentecôtiste se trouve juste en face du supermarché Crawford, de l'autre côté de la rue. Betty Jean Scales a disparu alors qu'elle se rendait chez Crawford.

Le détenu Polete est très irrité. Stoner ne lui pose pas la question évidente :

Comment pouvez-vous vous rappeler vos faits et gestes d'une soirée précise qui remonte à vingt-quatre ans et onze mois ? Qu'est-ce qui a rendu cette soirée si sublime, si horrible ou si traumatisante, au point que le moindre détail en restera gravé dans votre mémoire jusqu'à la fin de vos jours ?

Le détenu Polete quitte la salle et met fin à l'interrogatoire. Il est 13 heures.

6

Bill admet que le choc a été rude. Gary Walker l'a ressenti tout aussi durement.

L'église et le supermarché Crawford. La technique du rapt à la sortie des supermarchés, que pratiquait systématiquement Polete. Les agressions suivantes au Food King et au Lucky. L'alibi qui sonnait comme un aveu.

Bill affirme que le choc a été rude. Il me raconte une histoire pour me faire comprendre la violence de l'impact.

Il enquêtait sur une affaire, il y a quelques années. Un cadavre découvert à Torrance. La victime : un homme de race blanche.

On l'identifie. Il partageait un appartement avec un poseur de moquette.

Bill et son collègue invitent le poseur de moquette à déjeuner. L'homme n'est pas soupçonné.

Ils le ramènent chez lui, pour lui poser d'autres questions. Ils ont besoin de son aide pour mieux cerner la victime.

Ils entrent dans l'appartement. Bill remarque que la moquette du salon est flambant neuve.

Et :

Il *sait* que l'homme a tué la victime ici même. Il sait qu'il trouvera sous la moquette des taches de sang fraîchement lavées.

Il trouve les taches de sang. Il demande des explications au poseur de moquette. Celui-ci passe aux aveux.

Il s'agit là d'un meurtre récent. L'assassinat de Betty Jean est ancien. Une intime conviction ne signifie pas pour autant que l'on trouvera les preuves nécessaires. Une confirmation indirecte ne peut que renforcer cette conviction et lui donner plus de poids.

Le 15 décembre 97 :

Bill Stoner appelle l'ancienne animatrice du mouvement de jeunesse. Elle ne se souvient pas de Robby Polete. Les réunions du groupe avaient lieu à l'église le dimanche, le lundi et le jeudi. Elles duraient de 19 h 30 à 21 h 30.

Le 29 janvier 73 était un lundi. La dernière fois que Betty Jean a été vue, il était 20 h 30.

Bill se renseigne sur l'imprimerie C&R. Le propriétaire actuel est aussi celui de 1973.

Il se rappelle Robby Polete. Le père de Polete possédait une imprimerie à Baldwin Park. Robby travaillait chez C&R de façon sporadique. Il effectuait les travaux de sous-traitance de son père.

Bill passe en revue les anciennes feuilles de présence et les cartes de pointage. Il veut savoir si Robby a travaillé le 29 janvier 73.

Les feuilles de présence et les cartes de pointage ne remontent que jusqu'en 1979. Le patron s'est débarrassé des anciennes archives pour gagner de la place sur ses étagères.

Le cul-de-sac métaphysique.

Bill retrouve Lori Polete. Il la questionne. Il interroge la mère et le frère de Robby.

Le frère n'a pas grand-chose à dire. Robby et lui n'avaient pas les mêmes copains. La mère affirme que Robby n'a pas pu tuer Betty Jean. Elle prétend qu'elle a des dons de voyance. Si Robby avait tué une femme, elle l'aurait su. Elle a failli se suicider il y a longtemps. Elle a vu un prédicateur à la télévision. Il l'a convaincue de ne pas se supprimer.

Lori a commencé par servir de correspondante à Polete. Elle pensait qu'il serait bientôt libéré sur parole. Au bout d'un moment, elle a fini par voir clair en lui. Par contre, elle a compris que Polete n'avait jamais vu clair en lui-même. Il n'endossait jamais la responsabilité de ses propres actes. Hors de la prison, il serait incapable de survivre.

Du point de vue de la recherche des preuves, le cul-de-sac métaphysique a son bon côté. Les procédures complexes prennent du temps. Des résultats positifs peuvent surgir sans prévenir.

Le laboratoire de l'Identité judiciaire a trouvé une tache sur le jean de Betty. Le technicien dit qu'il *pourrait* s'agir d'une tache de sperme. La procédure d'identification est encore en cours.

Du point de vue psychique aussi, le cul-de-sac métaphysique a son bon côté.

Avec le temps, les gens qui ont peur oublient leurs craintes. Les coupables divulguent imprudemment des informations. Les gens dociles comprennent un jour qu'on les exploite. Ceux qui sont au bout du rouleau finissent par baisser les bras et révéler leurs secrets.

Ils renoncent. Les enquêteurs intransigeants attendent et restent prêts à tendre l'oreille. Ils rôdent. Ils écoutent aux portes. Ils patrouillent le long des lignes de faille de la moralité. Ils adoptent les points de vue des victimes et ceux des assassins et ils se mettent dans leur peau pour traquer la vérité.

Dans l'affaire Betty Jean Scales, femme de race blanche, décédée le 29 janvier 73 :

Bill Stoner poursuivra son enquête. La brigade criminelle du comté et la police d'El Monte prolongeront leur investigation. Stoner gardera Robert Leroy Polete en ligne de mire. Il ne se laissera influencer par aucune idée préconçue. Avec objectivité, il restera ouvert à toute nouvelle piste qui remettrait en cause l'idée selon laquelle Polete a tué Betty Jean Scales. Il se tient prêt à témoigner devant la commission de libération conditionnelle qui se tiendra à l'automne 98.

Il dépeindra Polete comme un prédateur dénué de remords, qui a encore quelques belles années devant lui pour commettre d'autres forfaits, et qui est animé par la volonté d'alimenter sa rage. Il fera part de son opinion, selon laquelle il faudrait maintenir Polete en prison jusqu'à la fin de ses jours. Il racontera l'histoire de ces femmes, agressées par un individu qui laisse parler sa fureur et son sentiment de pitié pour lui-même. Il priera pour que la commission soit sensible à ses arguments. En entrant dans la salle, il puisera sa force dans le souvenir d'autres mortes. Tracy Stewart. Karen Reilly. Bunny Krauch.

Tuées par des hommes connus ou inconnus.

Ajoutez Betty Jean Scales et Geneva Hilliker Ellroy. Ajoutez-moi, dans mon rôle de chroniqueur de Stoner. Ajoutez ma dette perpétuelle et sa conscience professionnelle. Ajoutez le besoin de savoir et de servir qui nous anime tous les deux. N'oubliez pas d'y inclure un soupçon de sexe qui nous pousse à aller vers ces femmes.

Bill Stoner continuera. Je continuerai à raconter son histoire. Collectivement, nos morts nous le réclament.

TABLE

Dans la même collection

William Bayer : *Labyrinthe de miroirs*
Marc Behm : *À côté de la plaque*
Marc Behm : *Et ne cherche pas à savoir*
Marc Behm : *Crabe*
Marc Behm : *Tout un roman !*
Edward Bunker : *Aucune bête aussi féroce*
Edward Bunker : *La Bête contre les murs*
Edward Bunker : *La Bête au ventre*
Edward Bunker : *Les Hommes de proie*
James Lee Burke : *Prisonniers du ciel*
James Lee Burke : *Black Cherry Blues*
James Lee Burke : *Une saison pour la peur*
James Lee Burke : *Une tache sur l'éternité*
James Lee Burke : *Dans la brume électrique avec les morts confédérés*
James Lee Burke : *Dixie City*
James Lee Burke : *La Pluie de néon*
James Lee Burke : *Le Brasier de l'ange*
Daniel Chavarría : *Un thé en Amazonie*
Daniel Chavarría : *L'Œil de Cybèle*
George C. Chesbro : *Bone*
George C. Chesbro : *Les Bêtes du Walhalla*
Robin Cook : *Cauchemar dans la rue*
Robin Cook : *J'étais Dora Suarez*
Robin Cook : *Le Mort à vif*
Robin Cook : *Quand se lève le brouillard rouge*
Wessel Ebersohn : *Le Cercle fermé*
James Ellroy : *Le Dahlia noir*
James Ellroy : *Clandestin*
James Ellroy : *Le Grand Nulle Part*
James Ellroy : *Un tueur sur la route*
James Ellroy : *L.A. Confidential*
James Ellroy : *White Jazz*
James Ellroy : *Dick Contino's Blues*
James Ellroy : *American Tabloid*
Barry Gifford : *Sailor et Lula*

Barry Gifford : *Perdita Durango*
Barry Gifford : *Jour de chance pour Sailor*
Barry Gifford : *Rude Journée pour l'Homme-Léopard*
Barry Gifford : *La Légende de Marble Lesson*
James Grady : *Le Fleuve des ténèbres*
James Grady : *Tonnerre*
James Grady : *Comme une flamme blanche*
Vicki Hendricks : *Miami Purity*
Tony Hillerman : *Le Voleur de temps*
Tony Hillerman : *Porteurs-de-peau*
Tony Hillerman : *Dieu-qui-parle*
Tony Hillerman : *Coyote attend*
Tony Hillerman : *Les Clowns sacrés*
Tony Hillerman : *Moon*
Tony Hillerman : *Un homme est tombé*
William Kotzwinkle : *Midnight Examiner*
William Kotzwinkle : *Le Jeu des Trente*
Michael Larsen : *Incertitude*
Elmore Leonard : *ZigZag Movie*
Elmore Leonard : *Maximum Bob*
Elmore Leonard : *Punch créole*
Elmore Leonard : *Pronto*
Elmore Leonard : *Beyrouth-Miami*
Bob Leuci : *Odessa Beach*
Jean-Patrick Manchette : *La Princesse du sang*
Dominique Manotti : *À nos chevaux !*
Dominique Manotti : *Kop*
Tobie Nathan : *Saraka bô*
Tobie Nathan : *Dieu-Dope*
Jim Nisbet : *Prélude à un cri*
Jack O'Connell : *B.P. 9*
Jack O'Connell : *La Mort sur les ondes*
Jack O'Connell : *Porno Palace*
Hugues Pagan : *Tarif de groupe*
Hugues Pagan : *Dernière station avant l'autoroute*
Michel Quint : *Le Bélier noir*
John Ridley : *Ici commence l'enfer*
Pierre Siniac : *Ferdinaud Céline*
Les Standiford : *Johnny Deal*
Les Standiford : *Johnny Deal dans la tourmente*
Richard Stratton : *L'Idole des camés*
Paco Ignacio Taibo II : *À quatre mains*
Paco Ignacio Taibo II : *La Bicyclette de Léonard*
Ross Thomas : *Les Faisans des îles*
Ross Thomas : *La Quatrième Durango*

Ross Thomas : *Crépuscule chez Mac*
Ross Thomas : *Voodoo, Ltd*
Andrew Vachss : *Le Mal dans le sang*
Y. S. Wayne : *Objectif Li Peng*
Donald Westlake : *Aztèques dansants*
Donald Westlake : *Faites-moi confiance*
Donald Westlake : *Histoire d'os*
Donald Westlake : *361*
Donald Westlake : *Moi, mentir?*
J. Van de Wetering : *Retour au Maine*
J. Van de Wetering : *L'Ange au regard vide*
Charles Willeford : *Miami Blues*
Charles Willeford : *Une seconde chance pour les morts*
Charles Willeford : *Dérapages*
Charles Willeford : *Ainsi va la mort*
Charles Willeford : *L'Île flottante infestée de requins*
Daniel Woodrell : *Sous la lumière cruelle*

Cet ouvrage a été réalisé par la
SOCIÉTÉ NOUVELLE FIRMIN-DIDOT
Mesnil-sur-l'Estrée
pour le compte des Éditions Payot & Rivages
en juillet 1998

N° d'édition : 80 – N° d'impression : 43334
Dépôt légal : août 1998

Imprimé en France